Von Mädchen und Mördern

Gunter Gerlach
wurde zwar in Leipzig geboren, lebt aber schon so lange
in Hamburg, dass er sich einen besseren Wohnort kaum
noch vorstellen kann. Seine Krimis und Romane entstehen
mit dem Blick über die Dächer der Stadt bis zum Hafen.
Im Ellert & Richter Verlag schnüffelt sein Ermittler
Brahms in drei Bänden durch die Hansestadt – immer dem
Verbrechen auf der Spur („Tod in Hamburg", „Liebe und
Tod in Hamburg", „Mord ohne Leiche"). Mehr über den
Autor unter www.gunter-gerlach.de

Gunter Gerlach

Von Mädchen und Mördern

Ein Ellert & Richter Krimi

Inhalt

- 6 Paarweise
- 10 Zu schnell
- 13 Dinger wegschaffen
- 22 Caroline
- 26 Von Lippstadt nach Unna
  Friedrich-Glauser-Kurzkrimi-Preis 2003
- 35 Ebbe
- 37 Hochzeit in Voerde
  Friedrich-Glauser-Kurzkrimi-Preis 2005
- 50 Bärenführer
- 55 Die Unterwelt von Plaidt
- 65 Nachbarn
  Auswahl zum Agatha-Christie-Krimipreis 2003
- 71 Das Gesetz des Dschungels
- 78 Sauber bleiben
  2. Platz Günter-Bruno-Fuchs-Preis 2007
- 82 Beckenbauer zertritt kleine Tiere
  MDR-Literaturpreis 2005
- 88 Erpressung
- 91 Kein Platz
- 105 Falsche Richtung
  Literaturpreis der Zeitschrift „Der Storch" 2002
- 109 42 Millimeter
  Literaturpreis der 42er Autoren 2004
- 113 Lava sagt
- 127 Erklärungsnot
  Auswahl zum Agatha-Christie-Krimipreis 2004
- 133 Lass mich nachdenken
- 141 Der Chef
  Auswahl zum 17. Würth-Literaturpreis 2006

147 Der portugiesische Punkt
153 Der Spezialist
156 Gras wachsen lassen
Auswahl zum Literaturpreis der schwulen Buchläden 2005
162 Ins Kino mit Sarah
167 Bergkamen, Römer, Gold und Tod
178 Spezialist für Fleisch
183 Warum es Weihnachtsmänner gibt
186 In vierzehn Tagen vom Homo zum Hetero

Paarweise

Auf dem Monitor des Bildtelefons erscheint das Titelmädchen einer Zeitschrift. Sie hat eine tiefe Männerstimme: „Du wolltest doch heute Abend Kuchen backen?"
Es ist das vereinbarte Stichwort. Ich weiß, wer sich hinter der Zeitschrift verbirgt. Er riskiert seinen Job.
„Ja. Komm doch vorbei."
„Gut, zwischen sechs und acht, genauer kann ich es nicht sagen."
Ich lege auf. Es würde also wieder mal eine Kontrolle stattfinden. Mein Problem ist, ich lebe allein.
Jeder findet das Gesetz gut. Ich auch. Jeder sieht ein, dass es eine gute Sache ist, gemeinsam mit einem Partner zu leben. Nicht nur wegen der Steuer. Nicht nur, weil man Energie und Geld spart. Der Mensch ist ein Paartier. Erst zwei zusammen entsprechen der Natur. Und schließlich ist es ja egal, ob es ein Mann oder eine Frau ist. Man hat die Wahl. Nur ein Hund genügt vor dem Gesetz nicht.
Mein Problem ist, ich finde niemanden, der zu mir passt. Ich habe es wahrhaftig oft genug probiert. Es waren über dreißig Paarungen. Manche sogar mit Geschlechtsverkehr. Wenn jemand es so oft und so exzessiv versucht hat, für den sollte es im Gesetz Ausnahmen geben. Aber ich begreife, dass man das nicht machen kann. Das wäre Anarchie, Chaos.
Alles, was mir jetzt bleibt, ist die Vortäuschung von Gesetzestreue. Ich beginne zu telefonieren.
„Hallo, Bernd, ich bin's. Ich wollte heute Abend einen Kuchen backen. Meinst du, Anja hat Lust, mir dabei zu helfen?"
„Oh, das tut mir leid. Wir haben Gäste."
Ich verabschiede mich. Mein Telefonverzeichnis ist im Laufe der Jahre dünner geworden. Ich habe nicht mehr viele Freunde.

Gut, ich bin auch kein einfacher Mensch.

„Du bist überhaupt keiner menschlichen Regung fähig. Du bist eiskalt", hatte Henrike, mein letzter Versuch, mir vorgeworfen. „Und ruf mich ja niemals wieder an." Ihre letzten Worte, schon im Treppenhaus. Mit Koffern.

Ich vermisse sie nicht. Jede Nacht warf sie sich in ihrem Bett hin und her, grunzte, stöhnte und schwitzte. Wer kann das aushalten?

Früher habe ich mir bei Kontrollen den Partner meines Nachbarn in der Wohnung unter mir geliehen. Ein Sportstudent. Bei Bedarf kletterte er über eine Strickleiter von Fenster zu Fenster. Dann stürzte er ab. Ich wohne im achten Stock. Bei dieser Höhe haben auch Sportstudenten keine Chance. Der Nachbar leiht mir nichts mehr.

Neuerdings werden die Kontrollen in allen Wohnungen der Mietshäuser gleichzeitig durchgeführt. Da haben Sportstudenten auch gar keinen Sinn mehr. Man braucht jemanden, der möglichst über Nacht bleibt – falls sie wiederkommen.

„Hallo, Thorsten. Ich bin's. Habt ihr heute was vor?"

„Warum?"

„Ich wollte einen Kuchen backen."

„Oh, wir auch."

Pech, denen steht selbst eine Überprüfung bevor. Wen habe ich noch? Vielleicht Hanna. Obwohl sie mich ständig mit ihren klebrigen Händen berühren will. Es kostet mich Überwindung, sie anzurufen.

„Hallo, Hanna, hast du Lust, mit mir einen Kuchen zu backen?"

„Oh, ich bin selbst gerade unterversorgt." Dieses leichtsinnige Huhn vergisst die Codierung.

„Dann komm doch rum."

„Nee, ich habe eine Verabredung. Drück mir die Daumen."

Die Zeit wird allmählich knapp. Noch eine Stunde. Wen sie als Single erwischen, der verliert seine Wohnung und wird zur Partnersuche sofort auf die Straße geschickt. Meist schließt sich dann eine Odyssee durch fremde Betten an.

„Warte mal, Hanna, hast du vielleicht eine Idee für mich?"
„Ja, ruf doch Ralf an."
Bei Ralf geben sich die Partner alle paar Tage die Klinke in die Hand. Ich mag ihn nicht.
Ralf ist irgendwo unterwegs, ich erreiche ihn nur über Mobiltelefon. Er lacht, als ich ihm das Stichwort nenne. Aber er sagt, es wäre kein Problem, er hätte eine Speziallösung. Ich solle ganz ruhig bleiben. Er käme gleich vorbei.
Er kommt mit einem großen Paket über der Schulter. Es ist ein Mädchen darin. Sie ist tot. Er legt sie in mein Bett, macht sie zurecht und kassiert einen großen Schein. Die Verpackung nimmt er wieder mit.
„Bis morgen früh", sagt er. „Dann muss sie wieder in die Kühltruhe. Ich brauche sie selbst noch."
Sie sieht aus, als ob sie schliefe. Sie ist nackt und schön. Wunderbares glänzendes Haar. Keinerlei Verletzungen. Ich decke sie nur halb zu und lasse eine kleine Lampe im Schlafzimmer brennen, die ich zusätzlich mit einem Tuch verdunkle. In der Küche gieße ich ein Glas Wasser ein. Mit dem Glas neben dem Bett wird es noch überzeugender aussehen. Ich bringe es ihr, küsse sie auf die Stirn und wünsche ihr eine gute Nacht. Alles ist perfekt.
Ich setze mich ins Wohnzimmer und öffne eine Flasche Wein. Es geht mir gut. Ich bin ganz ruhig. Das Bild des schlafenden Mädchens im Nachbarzimmer lässt mich zum ersten Mal seit langer Zeit wieder ernsthaft über eine Zweierbeziehung nachdenken. Vielleicht habe ich ja immer nach dem falschen Partnertyp Ausschau gehalten.
Die Wohnungsklingel schreckt mich auf. Ich war eingenickt.
„Partnerpolizei, bitte öffnen Sie."
Ich lächle die Männer an und lege den Finger an die Lippen.
„Sie schläft gerade. Sie ist ziemlich krank und erschöpft."
Die Männer nicken. „Wir sind leise."
Ich führe sie zum Schlafzimmer. Auf Zehenspitzen nähern sich zwei von ihnen dem Bett mit dem toten Mädchen. Sie beugen sich über sie und kommen lächelnd zu mir zurück. Leise unterrichten sie ihre Kollegen und verschwinden.

Ich trinke noch ein Glas Wein und sehe dem Fernsehprogramm zu, ohne es wahrzunehmen. Ich denke daran, dass die Mitarbeiter der Partnerpolizei eigentlich glücklich sein müssen, weil sie einen Dienst am Menschen leisten. Weil es schön ist zu sehen, wie zwei Partner friedlich zusammenleben. Es ist gut, dass der Staat sich darum Sorgen macht. Weil es richtig ist, dass es Gesetze und Regelungen gibt. Natürlich muss man noch einmal darüber diskutieren dürfen, wer als Partner gilt. Kann zum Beispiel ein Hund von einer bestimmten Größe an, ein Reh oder meinetwegen ein Barsch nicht auch genügen?

Gegen Mitternacht lösche ich das Licht, ziehe mich aus und gehe ins Bett. Ich lege meinen Arm um ihren Körper. Er ist wunderbar kühl. Ich küsse ihre Brüste, ihren Bauch und streichle ihre blassen Wangen.

„Ich liebe dich", flüstere ich. Sie widerspricht nicht. Sie lacht nicht über mich. Sie stöhnt nicht. Sie schwitzt nicht. Sie kühlt meine Hitze.

Am Morgen warte ich vergeblich auf Ralf. Sein Telefon ist abgestellt. Nach ein paar Stunden wird mir klar, dass er das Mädchen gar nicht wieder abholen will. Ich werde sie behalten müssen. Aber das will ich inzwischen sowieso. Alles, was ich benötige, ist eine Kühltruhe. Gegen Mittag ziehe ich mich an, um eine zu besorgen. Hoffentlich können die schnell genug liefern. Ich gehe gerade aus dem Haus, als Ralf vorfährt. Ich tue so, als sähe ich ihn nicht. Es nützt nichts, er winkt mir. Dann holt er die Verpackung vom Rücksitz des Wagens. Er kommt zu mir, hebt die Schultern. „Konnte nicht schneller, tut mir leid."

Ich mag ihn nicht.

Zu schnell

„Ich kann nicht mitfahren", sagt Jenny mit dünner Stimme.
Sie lässt das dunkle Haar nach vorn fallen, nur ihre Nase guckt heraus. Halb Mensch, halb Vogel. Ich hab sie gestern in einer Kneipe kennengelernt. Sie war die Einzige, die keinen Alkohol trank.
„Ach komm", sage ich. „Es ist doch nur für ein paar Stunden."
Wir wollen an die Ostsee. Ein bisschen am Strand liegen.
„Du kannst auch vorn sitzen", sagt Tom. Es ist die erste Fahrt mit seinem neuen Wagen. Das Privileg, vorn zu sitzen, gehört sonst seiner Freundin.
„Ich kann wirklich nicht." Jenny hat die Federn ihrer Augenbrauen gesträubt. Sie schiebt die Schultern vor. „Mir wird immer schlecht beim Autofahren", sagt sie. „Auch vorn."
Ich lege ihr meinen Arm um die Schulter. „Dann bleiben wir hier."
Sie ist ganz knochig unter ihrem T-Shirt.
„Aber wir fahren", sagt Toms Freundin.

Wir stehen noch eine Weile am Straßenrand und schaben unsere Schuhe am Kantstein. Jenny sieht mich ab und zu ganz kurz von der Seite an, dann schaut sie schnell wieder weg.
„Wir könnten mit der Bahn fahren", sage ich. „Die braucht auch nur etwa eine Dreiviertelstunde bis Travemünde."
Jenny hat die Mundwinkel hochgezogen, aber es ist kein Lächeln. Ihre Nase ist gelb.
„Ich kann nicht mit der Bahn fahren. Mir wird immer schlecht. Und wenn ich aus dem Fenster gucke, muss ich kotzen."
„Ehrlich?"
„Ja. Es ist die Geschwindigkeit. Ich kann das nicht vertragen."

Wir gehen in ein Café, Eis essen. Jenny kriegt eine blaue Zunge von dem Blaubeereis.
„Und mit dem Fahrrad?", frage ich.
Sie schüttelt den Kopf, hebt ihr T-Shirt hoch. „Guck mal."
Eine lange genähte Narbe auf dem Bauch. „Vom Radfahren. Ein Sturz. Ich verliere so schnell das Gleichgewicht."
Ich strecke meine Hand aus. „Darf ich mal?"
Sie nickt. Ich streiche über die Narbe. „Sind da früher mal Federn gewachsen?"
Sie lächelt, nimmt meine Hände.
„Wie wärs mit dem Flugzeug?", sage ich. „Das müsste doch gehen."
Sie schüttelt den Kopf. „Ich kann überhaupt nicht verreisen. Ich kotze immer."

„Was für ein Glück, dass du zu Fuß gehen kannst", sage ich.
Wir gehen durch den Park. Ein paar schwarze Vögel trippeln vor uns her.
„Du machst dich lustig über mich", sagt sie.
„Nein, ich gehe gern mit dir spazieren."
Wir setzen uns auf eine Bank. Die Vögel kommen heran und betrachten Jenny mit seitlichem Blick.
„Ich mag dich", sagt Jenny. Sie sieht mich nicht an, sondern dreht an meinem Hemdenknopf, als könne sie da etwas einstellen. Ich lege meine Hände auf ihre Schultern. Sie wendet den Kopf ab. „Du kannst mich nicht küssen. Davon wird mir schlecht."
„Wirklich?"
„Es ist so, wenn eine fremde Zunge in meinen Mund kommt, dann ..."
„Schon in Ordnung", sage ich.
Sie kommt mir entgegen. Vorsichtig berühre ich ihre Lippen. Sie zuckt zurück, will aufspringen. Zu spät. Sie kotzt mir auf die Hose. Es ist das Blaubeereis.
Jenny wischt mit Papiertaschentüchern an mir herum.
„Es tut mir leid", sagt sie. Sie wagt mich nicht anzusehen.

„Es war ohne Zunge", sage ich.
„Ich weiß." Der Vogelblick von unten.
„Es war zu schnell, nicht wahr?"
„Ja", sagt sie.

Dinger wegschaffen

„Jetzt", sagt Jürgen.
Ich lege ihm die Hand auf den Arm. „Noch nicht."
Horst sitzt auf der Rückbank und liest *Krieg und Frieden* von Tolstoi. Horst ist erst acht. Aber lesen konnte er schon mit fünf.
„Warum nicht?" Jürgen rutscht auf seinem Sitz hin und her. Er kratzt sich auf diese Weise den Rücken.
„Da." Ich zeige auf einen Mann, der schräg über das Werftgelände geht.
„Der sieht uns nicht."
„Wenn wir das Ding wegschaffen, wird er rübergucken, und was dann?"
Wir warten und sehen in das Hafenbecken. Hier machen schon lange keine Schiffe mehr fest.
Jürgen zündet sich eine Zigarette an.
„Im Auto wird nicht geraucht. Und schon gar nicht in seiner Gegenwart." Ich deute mit dem Daumen nach hinten. Horst sieht kurz aus seinem Buch auf. Er fährt gern mit uns. Bei uns darf er die Bücher lesen, die ihm seine Mutter aus der Hand nimmt.

Jürgen geht um das Auto herum und raucht. Er setzt sich auf die Motorhaube. Ich steige auch aus.
„Was ist nun?" Jürgen wirft die Zigarette ins Hafenbecken. „Ist doch egal, ob da einer geht."
„Gut. Dann los."
Wir öffnen den Kofferraum und holen das Ding raus. Mit leichtem Schwung schmeißen wir es ins Wasser. Es geht sofort unter. Wir steigen wieder ein. Horst liest, blättert um.
„Spannend?"

Er nickt.
Ich fahre zurück. Wir kommen zur Zollkontrolle.
„Guck dir diesen Idioten an", sagt Jürgen.
Der Zollbeamte steht in der Tür seines Häuschens.
„Der will uns anhalten."
Ich fahre vorsichtig bis an den Beamten heran und lasse das Fenster herunter.
„Guten Tag. Was zu verzollen?"
„Wir zeigen dem Jungen nur den Hafen."
Horst hat das Buch unter den Sitz fallen lassen. „Gehen wir noch Eis essen?", fragt er.
„Ja, mein Junge."
Noch nie ist ein Zollbeamter auf den Gedanken gekommen, in unseren Kofferraum zu sehen.

Wir liefern den Jungen bei Rebecca ab.
„War er brav?"
„Super."
„Darf ich morgen wieder mit?", fragt er.
„Klar", sage ich.
Rebecca nickt. „Wo fahrt ihr hin?"
„Morgen", sagt Horst, „wollen wir wieder in den Hafen."
„Ihr fahrt wirklich oft in den Hafen", sagt sie. Dabei ist es ihr egal, wohin wir fahren, Hauptsache, wir nehmen Horst mit. Sie ist froh, wenn sie mit ihrem neuen Freund allein sein kann.
„Ist interessant, der Hafen", sage ich. „Du solltest mal mitfahren."
Sie lacht.
Wir steigen wieder ins Auto.
„Holen wir das nächste Ding heute noch?", fragt Jürgen.
„Lieber nicht. Nachher läuft da was raus."
Ich fahre in unsere Garage.
„Jetzt haben wir das Eis für den Jungen vergessen", sagt Jürgen.
„Das sagt er doch nur so. Der will doch gar kein Eis."

„Mann, hier sieht es aber nach Geld aus." Jürgen pfeift durch die Zähne.
Ich fahre rückwärts in die Einfahrt der Villa bis zur Garage.
Göbel kommt uns entgegen. „In der Garage."
„Der Vertrag", sage ich und wedle mit dem Papier.
Unsere Kunden müssen einen Vertrag für unseren Wagen unterschreiben. Sie gelten für den Tag des Transportes als Mieter. Nur zu unserer Sicherheit.
Göbel geht, er sagt, er kann dabei nicht zusehen.
Das Ding liegt an der Rückwand der Garage hinter den Winterreifen. Ich fahre rein. Das Ding ist leicht. Jürgen hebt es allein in den Kofferraum.
Göbel kommt und gibt uns das Geld.
„Schon Nummer dreißig", sagt Jürgen, „und wir haben erst Juni."
„Neunundzwanzig", sage ich und fahre los.
„Wie viele sind wieder hochgekommen?"
„Zwei."
„Nicht mal zehn Prozent."
„Ist eine saubere Sache."

Wir fahren in unsere Garage. Da haben wir alles, um die Dinger zu präparieren. Die richtigen Seile. Die richtigen Gewichte. Wir sind Profis.
Jürgen hebt das fertige Ding zurück in den Kofferraum. „Hübsches Ding", sagt er.
„Ja", sage ich. „Aber irgend etwas muss sie falsch gemacht haben."

Horst steht schon am Straßenrand.
„Wie kann man bloß einen achtjährigen Jungen Horst nennen", sagt Jürgen.
„Der hieß auch schon mit einem Jahr so."
„Stimmt."
„Jürgen ist auch nicht besser."
„Stimmt."

Ich bremse. Horst klettert auf die Rückbank. „Mit *Krieg und Frieden* bin ich durch", sagt er.
„Dann guck mal unter die Zeitung, die da liegt."
Horst hebt sie hoch. „Prima, super." Er springt auf den Polstern wie auf einem Trampolin.
„Was hat denn der?" Jürgen kratzt sich den Kopf.
„*Wendekreis des Krebses* von Henry Miller."
„Was ist denn das?"

Wir fahren durch den Zoll, und Horst drückt seine Nase an der Seitenscheibe platt. Er schielt.
Kaum sind wir vorbei, greift er wieder zum Buch.
„Wie wärs mal mit dem Fährkanal?"
„Kann man von den Landungsbrücken aus reingucken."
„Guckt doch keiner."
Ich fahre bis zum Musical-Theater und dann hintenrum. Es ist an diesem Tag keine gute Stelle. Zu viele Autos auf dem Reiherdamm. Dann auch noch ein Pärchen im geparkten Auto an der günstigsten Stelle.
„Was machen die da?"
„Siehst du doch."
Wir warten eine Weile, dann fahren wir weiter. An allen Stellen, an denen wir bisher gearbeitet haben, geht es heute nicht. Zu viel los.
Horst sagt: „Kennt ihr die alte Oberhafenkantine?"
„Steht die noch?" Jürgen kratzt sich den Rücken.
„Was weißt du denn davon?" Ich drehe mich kurz um.
„Habe ich mal von der Bahn aus gesehen", sagt Horst. Er zuckt mit den Achseln und versinkt wieder zwischen den Seiten seines Buches.
Ich fahre über die Elbbrücken zurück. Zweimal durch den Zoll, denke ich, erhöht das Risiko. Aber wir haben Glück. Das Freihafengebiet ist auf dem Rückzug. Keine Sperre mehr. Wir finden eine tote Ecke am Oberhafenkanal. Nur von der Eisenbahnbrücke könnte man uns sehen. Und nur, wenn ein Zug darüberfährt. Alles geht schnell.

Für Horst zu schnell. Er mault: „Können wir nicht noch bleiben?"

Horst ruft an.
„Wir haben keinen Job", sage ich.
„Könnt ihr mich nicht trotzdem abholen?"
„Wir wollen heute den Wagen sauber machen."
„Prima", sagt er. „Ich helfe euch."
Wenig später fährt Rebecca vor unserer Garage vor. Horst springt aus ihrem Wagen. Rebecca kommt hinterher. Unser Wagen steht draußen. Jürgen schließt gerade den Schlauch an.
„Wir bringen den Jungen nachher rum", rufe ich von der Garagentür aus.
Rebecca kommt heran. „Was habt ihr denn da alles in eurer Garage?"
Ich gebe den Blick frei.
„Mannomann", sagt sie.
„War da alles schon drin, als wir sie gemietet haben."
Kaum ist sie weg, sitzt Horst auf dem Rücksitz und liest Henry Miller. Ich sauge den Kofferraum aus. Jürgen verbrennt die Folien, die wir immer als Unterlage haben.
„Na, ist es spannend?", sage ich zu Horst.
„Geil", sagt er, ohne aufzublicken.

„Was ist denn mit Rebecca los?", fragt Jürgen.
Horst will über die Köhlbrandbrücke gefahren werden, damit er den Containerterminal von oben sehen kann. Er legt tatsächlich sein Buch weg und guckt raus.
„Was soll denn mit ihr sein?", frage ich zurück.
„Die hat schon wieder einen neuen Freund", sagt Horst. „Deshalb ist sie froh, wenn ich mit euch fahre."
„Wie ist der denn?", fragt Jürgen.
„Doof", sagt Horst.
Wir haben die Brücke hinter uns. Ich muss scharf in die Bremse gehen, weil ein Laster plötzlich ausschert. Das Ding rumpelt im Kofferraum.

„Scheiße", sagt Jürgen.
„Du sollst nicht vor dem Jungen fluchen", sage ich.
Wir fahren zum alten Petroleumhafen. Wir finden keinen zugänglichen oder unbeobachteten Platz an einer Kaimauer. Schließlich parke ich, und wir schleppen das Ding ein Stück. Etwa an der Spitze zwischen Elbe und Hafenbecken lassen wir es ins Wasser plumpsen.

Wir sind bei Nummer sechsunddreißig. Ich habe Horst ein Buch von Gabriel García Márquez empfohlen, aber es langweilt ihn. Jetzt testet er *Fegefeuer der Eitelkeiten* von Tom Wolfe. Nach rund hundert Seiten und bei Nummer achtunddreißig legt er es aus der Hand.
„Ich will was anderes", sagt er. Mit dem Ding im Kofferraum fahren wir in die Innenstadt zu einer Buchhandlung.
Horst geht von Regal zu Regal, von Büchertisch zu Büchertisch. Er hält *White Jazz* von James Ellroy hoch.
„Würde ich nicht nehmen", sage ich. „Zu viele Personen."
Er nimmt es trotzdem. Er traut mir nicht.
Horst zieht *Erfolg* von Lion Feuchtwanger aus dem Regal. Wollte ich auch immer mal lesen. Schließlich noch einen Walser. Ich stöhne. „Muss das sein? Wie wärs mal mit was richtig Gutem", sage ich und halte den *Zauberberg* hoch. Muss ich auch noch mal lesen.
„Kenne ich", sagt er. „Geht so."
Horst legt noch *Die Memoiren der Fanny Hill* auf seinen Stapel. Und bei den Sonderangeboten greift er nach einem Bildband über den Hamburger Hafen mit neuen Satellitenaufnahmen.
„Können wir gut gebrauchen", sagt er.
Ich zahle an der Kasse mit Kreditkarte, denn so viel Bargeld habe ich gar nicht dabei.
„Du bist ziemlich teuer", sage ich zu Horst.
„Aber gut", sagt er.
Dann fahren wir in den Hafen und schaffen das Ding weg.

Jetzt kriegen wir schon Aufträge aus dem Binnenland. Es wird eine lange Fahrt. Horst freut sich. Weil er Geburtstag hatte, habe ich ihm *Mason & Dixon* von Thomas Pynchon geschenkt.
Wir fahren durch eine Heidelandschaft.
„Guck mal, Schafe", sage ich.
Es interessiert niemanden. Selbst Jürgen blickt aus seiner Bildzeitung nicht auf. Er brummt nur.
Ich biege in den Bauernhof ein. Der Bauer öffnet die Scheune. Das Ding liegt im Stroh. Nachdem die Formalitäten erledigt sind, schenkt uns der Bauer noch drei Gläser Honig. Eins für jeden.
Auf der Rückfahrt legt Horst den Pynchon zur Seite. „Lese ich nicht weiter."
„Warum denn nicht?"
„Langweilig."
„Tut mir leid."
„Vielleicht muss ich dafür älter sein", sagt er. „Ich hebe es auf."
Er greift zu *Fanny Hill*.
Wir fahren in den Harburger Hafen. Es ist Sonntag und nichts los.
Ich suche einen einsamen Parkplatz. Wir machen ein Experiment. Wir wollen versuchen, die Tour zu unserer Garage einzusparen. Jürgen steigt aus und präpariert das Ding im Kofferraum. Wir haben alles dabei.
Er braucht lange. „Garage ist besser", sagt er, als er fertig ist.
Ich suche einen Weg zur Süderelbe. Am Ufer warten wir zehn Minuten. Niemand zu sehen. Wir versenken das Ding.

Horst erwartet uns am Straßenrand. „Danke, dass ihr gekommen seid."
„Wo ist Rebecca?"
„Oben. Sie heult."
Wir gehen rauf. Rebecca sitzt auf dem Bett im Schlafzimmer. Ich nehme sie in den Arm.
„Wird schon wieder", sage ich.
Sie kann nicht sprechen, nur schluchzen.

Horst führt uns zum Badezimmer. „Da drinnen", sagt er. „In der Wanne."
„Du gehst auf dein Zimmer", sage ich.
„Macht ihr es?", fragt er.
„Klar", sage ich.
„Gratis?"
„Klar. Unter Freunden."
Er geht auf sein Zimmer mit *Hard Candy* von Andrew Vachss unterm Arm.

„Wie ist denn das passiert?"
Rebecca sitzt im Wohnzimmer und hat sich mit heißem Wasser aus einem Brühwürfel eine Tasse Hühnerbrühe gemacht.
„Das Schwein", sagt sie zwischen kleinen Schlucken.
„Was hat er gemacht?"
Die Hühnerbrühe füllt mit ihrem Gestank den ganzen Raum.
„Mit meiner besten Freundin …" Sie schlürft die Brühe.
„Und?"
„Da habe ich den Fön nach ihm geworfen."
„Ins Wasser?"
Sie nickt, trinkt.
„Warum trinkst du so ein Zeug?"
„Habe ich schon immer gemacht, schon als Kind. Immer, wenn es mir schlecht ging. Danach ging es mir besser."
Jürgen kommt aus dem Badezimmer. „Fertig", sagt er.

Wir fahren hinter die alte Speicherstadt. Am Grasbrookhafen ist normalerweise nicht viel los. Zwei Angler sitzen da. Aber dann sehe ich auf der anderen Seite auch noch Bauarbeiter.
Wir fahren rüber auf die andere Seite der Elbe.
Jürgen sagt: „Ich kenne eine Stelle am Spreehafen. Da waren wir als Jungs immer."
„Was habt ihr denn da gemacht?"
„Erst haben wir Apfelsinen geklaut, und dort haben wir sie mit den Mädchen geteilt."
„Du hast Apfelsinen geklaut?"

„Wir sind immer in den Hafen, um zu klauen."
„Spinnst du?"
„War eine Art Sport. Und wegen der Mädchen. Für drei Apfelsinen durfte man ihnen unter den Rock fassen."
„Musst du solche Sachen vor dem Jungen erzählen?" Ich deute nach hinten.
„Ich habe nichts gehört", sagt Horst.

Wir fahren hin und her, bis Jürgen einfällt, wo das war. Aber das Loch im Zaun gibt es nicht mehr. Schließlich fahren wir doch zum Reiherstieg. Da waren wir schon oft.
„Hier liegen bestimmt schon zehn Dinger", sagt Jürgen.
„Sieben", sage ich. „Und zwar ganz genau."
„Gleich acht."
„So ist es."
Wir machen es mit Schwung. Dann warten wir, bis sich die Oberfläche des Wassers wieder beruhigt hat.
Horst steigt aus dem Wagen und kommt zu uns.
„Eigentlich war der doch ganz nett", sagt er. Er hebt ein Buch hoch. „Hat er mir geschenkt."
Träume von Babylon lese ich auf dem Titel.
„Echt gut", sagt Horst.

Caroline

„Sie ist neu", sagt Tom. Er zeigt auf den kleinen Käseladen.
„Und sie sieht dich nicht an", sagt er. „Du kannst machen, was du willst, sie blickt dir niemals in die Augen."
Die Scheibe spiegelt die Straße. Ich lege die Hände an das Glas, um besser hineinsehen zu können. Es ist kein Kunde im Laden. Sie steht hinter der Theke mit gesenktem Kopf. Ihre Schürze hat das Muster einer Scheibe Emmentaler. Auf dem Kopf trägt sie eine kleine Papierhaube als Nachbildung eines Camemberts.
„Vielleicht liegt es an den Sachen, die sie tragen muss. Sie schämt sich."
Tom schüttelt den Kopf. „Sie sieht selbst als Käse gut aus. Meine Vermutung ist, sie schielt."
Sie hebt den Kopf nicht. Selbst als ich an die Scheibe klopfe, bleibt sie reglos.
„Du kriegst es nicht hin. Jede Wette", sagt Tom.

Ich gehe Käse kaufen.
Hundert Gramm Camembert. Fünfzig Gramm Emmentaler.
Sie sieht mich nicht an.
Fünfundzwanzig Gramm Greyerzer, zehn Gramm Tilsiter.
Sie blickt nicht auf.
Eine halbe Scheibe Edamer, ein fingernagelgroßes Stück Harzer.
Keine Wirkung.
„Haben Sie den französischen mit den Maden oder etwas anderes, von dem mir schlecht werden könnte?"
Ein gesungenes „Nein". Kein Blick.
Ich lasse mich fallen, spiele einen Ohnmachtsanfall. Sie zögert, dann kommt sie hinter der Theke hervor. Schnell schließe ich die Augen. Ihre Schürze raschelt. Sie nimmt meinen Kopf in ihre Hände. Vorsichtig, als wäre ich ein Stück druckempfindlicher

Käse. Ich öffne die Augen, sehe direkt in ihre. Kein Schielen, aber durch meinen Körper fließt ein Strom wie schäumende Milch, raubt mir den Atem.
„Du hast es gewollt", sagt sie.
„Ja", sage ich. „Ich will alles."
Sie nickt.

Sie heißt Caroline, und mein Kühlschrank ist voller Käse. Sie bringt ihn mit, am Tage des Verfallsdatums. Sie weiß alles über Käse. Sie nimmt mich in die Arme und erzählt es mir. Dann essen wir den Käse, von dem sie erzählt hat. Und sie sieht mir in die Augen. Dann werde ich ganz ruhig und verspreche ihr, zum Arzt zu gehen. Es ist wegen meiner Haut. Sie fühlt sich seit einigen Tagen an wie Wachs. Ich kann nicht mehr in die Sonne. Caroline bekommt viele kleine Falten auf der Stirn, wenn sie meine Haut betrachtet. Sie sagt, sie hätte einen anderen Job in Aussicht. In einem Wollladen.

Der Arzt hat mir eine Salbe verschrieben. Tom behauptet, ich würde nach Käse stinken. In meiner Nähe könne man es kaum aushalten. Er ist eifersüchtig. Wir gehen am Käseladen vorbei. Tom zieht die Mundwinkel herab. „Wie gehts mit Caroline?"
„Super. Wirklich", sage ich. „Ideal."
Er sieht durchs Fenster. „He, sie ist nicht da?"
„Ich weiß. Sie hat einen neuen Job. Da vorn in dem kleinen Wollgeschäft."
Wir gehen in dem Laden die Regale entlang. Die Wolle ist nach den Farben des Regenbogens sortiert. Es ist Carolines erster Tag. Sie muss jetzt alles über Wolle lernen. Baumwolle, Kaschmir, Merino, Angora. Sie hat keine Zeit für uns. Ihre Haut hat sich gerötet.
Eine steile Falte gräbt sich über Toms Nase in die Stirn. Er knurrt: „Warum sieht sie mich nicht an?"
Die Ahnungslosigkeit hebt mir die Hände und zieht die Schultern hoch. „Sie hat keine Zeit."

Caroline sieht nie einen anderen Mann an. Nur mich. Das ist gut so. Sehr gut. Wenn sie jetzt bei mir ist, strickt sie. Es soll ein roter Pullover werden. Für mich. Für den Winter. Wenn ich morgens neben ihr aufwache, strickt sie schon wieder. Sie streicht mir über das Gesicht, untersucht meine Haut. Die Salbe hat geholfen. Es ist besser geworden. Nicht mehr wie Wachs, dafür ein wenig rau. Der Arzt hat die Salbe gewechselt.

Wenn Caroline mich ansieht, durchfährt es mich immer noch. Nicht mehr wie eine schäumende Milchwelle, sondern als würde ich inwendig gebürstet.

Noch ist die Form des Pullovers nicht zu erkennen. „Wenn er fertig ist", sage ich, „möchte ich ihn als Hochzeitsgeschenk von dir."

Carolines Wangen röten sich, wie die Wolle in ihrem Schoß.

Ich küsse sie. Und sie legt für ein paar Minuten das Strickzeug beiseite.

Unter der Dusche stelle ich fest, dass die Haare auf meiner Haut überall zu wachsen begonnen haben. Wahrscheinlich liegt es an der neuen Salbe.

Heute habe ich mich zum ersten Mal am ganzen Körper rasiert. Es war notwendig. Meine Haut ist vollkommen geheilt, aber das Haar darauf wächst in raschem Tempo. Und es kräuselt sich. Mir wird heiß darunter.

Caroline ist heute zum ersten Mal bei ihrem neuen Job. Sie verkauft jetzt Erdbeeren an einem Sonderstand. Sie hat sich gut vorbereitet. Sie weiß bereits alles über Erdbeeren. Zum Beispiel, dass sie zur Gruppe der Nüsse gehören. Und dass sie Zink enthalten, das wiederum im Körper die Bildung des Hormons Testosteron anregt. Deshalb sei die Erdbeere ein Aphrodisiakum, hat sie behauptet und mich dabei angesehen.

Mich durchfuhr eine Welle süßer Säure.

Am Abend bringt Caroline Erdbeeren mit, viele Erdbeeren. Ich zeige ihr meinen rasierten Körper. Sie streicht über meine Haut. Sie glänzt rot und ist glatt. In vielen Vertiefungen haben sich kleine braune Pickel gebildet.

„Vom Rasieren", sage ich. „Das geht weg."
Caroline schaukelt den Kopf. Sie glaubt mir nicht. Sie sagt, ab morgen wäre sie nicht mehr bei den Erdbeeren. Sie hat mit einer Kollegin getauscht. Sie verkauft jetzt Gurken.

Von Lippstadt nach Unna

Wir lassen Lippstadt hinter uns und fahren die Straße an der Lippe entlang. Der Raps blüht.
„Raps stinkt", sagt Schröder. Er sitzt am Steuer, presst Luft zwischen den Lippen heraus und gibt Gas.
„Langsam", sagt Stoiber. „Fahr langsamer." Er stößt mit dem Ellbogen nach Schröder. „Wir sind Touristen und gucken uns die Gegend an."
„Ich bin der Fahrer", brummt Schröder.
Ich sitze hinten und heiße Westerwelle. Wir haben uns die Namen von Politikern gegeben.
„Wie viel ist es?" Schröder beobachtet mich über den Rückspiegel.
„Zu wenig." Ich hole die Scheine aus der Plastiktüte, ordne sie auf der Rückbank. Eine Bodenwelle.
„Fahr langsamer, sonst fliegt mir hier alles durcheinander."
Ich klemme die Geldstapel in der Ritze der Rückbank fest. Stoiber dreht sich um, sieht mir zu.
„Keine Angst", sage ich, „für eine Tankfüllung wird es reichen."

„Da wäre noch was." Schröder gräbt in seiner Jackentasche. „Hier." Er hält einen Zettel zwischen zwei Fingern. Stoiber nimmt ihm das Papier aus der Hand. „Ein Strafzettel."
„Ja, ein Strafzettel."
„Was willst du damit sagen?"
Schröder nimmt einen Augenblick die Hände vom Steuer, hebt sie hoch. „Na ja, ihr wart gerade weg."
„Du standst im Parkverbot. Da kriegt man keinen Zettel, wenn man hinterm Steuer sitzen bleibt."
„Ich dachte, die müssen mich nicht unbedingt sehen."

„Wer? Was war los?" Stoiber kommt aus dem Sitz hoch. Er packt Schröder an der Schulter und rüttelt ihn.
„Da ging so eine Polizistin die Straße lang. Ich dachte, ich mache mich dünn."
„Das meinst du nicht wirklich." Stoiber spricht ganz langsam und kriegt dabei die Zähne nicht auseinander.
„Wartet, wartet." Ich will die beiden beruhigen. „Man kriegt keinen Zettel, beim ersten Mal."
Schröder hebt den Kopf und lässt wieder das Lenkrad los. „Das versuche ich euch doch die ganze Zeit zu sagen: Sie kam zweimal vorbei. Ihr habt einfach zu lange gebraucht. In der Bank."

Wir schweigen. Stoiber hat mindestens sechsmal gesagt, dass er nur von Arschlöchern umgeben ist. Wir müssen den Wagen loswerden. Ich sehe aus dem Fenster, die Soester Börde, links gehts über die Schleuse nach Benninghausen.
„Wir müssen den Wagen loswerden", sagt Stoiber.
„Fahr die nächste rechts rein", sage ich. „Ich bin hier in der Nähe aufgewachsen."
„Das fehlt uns noch, dass du deine Mutter besuchen willst." Stoiber kratzt sich die Stirn. Ein Pickel reißt auf, blutet.
Schröder presst die Lippen zusammen und sieht mich im Rückspiegel an.
„Fahr einfach."
Auf einem Weg hinter einem kleinen Wäldchen lasse ich ihn anhalten. „Wir müssen nachdenken."
Alles ist ruhig. Das Blech des Autos knackt. Stoiber schmiert Spucke auf seinen Pickel. Schröder zuckt mit der Oberlippe wie ein Kaninchen. Ich zähle das Geld, lege Schein auf Schein.
Stoiber räuspert sich lange, dann kommt er hoch. „Was jetzt?", schreit er. Eine Ader an seinem Hals wirft Schatten.
„Lass mich nachdenken", sage ich. „Das kann ich am besten beim Geldzählen."
Stoiber betastet seine Stirn, betrachtet seine Finger mit dem Blutfleck. „Ich blute. Auch das noch."
„Ich kenne hier eine Menge Leute", sage ich.

Schröder umklammert das Steuerrad, starrt geradeaus, als wäre er noch auf der Landstraße. „Schön hier", sagt er wie narkotisiert. Ich packe die Scheine zurück in die Plastiktüte.
„44 410."
Keiner freut sich.

Alex hat keinen festen Wohnsitz mehr. Er steigt aus einem Campingwagen und kommt zu uns. Er trägt Cowboystiefel und eine Lederjacke mit Fransen. „Das sind Stoiber und Schröder", sage ich. Alex grinst und gibt ihnen die Hand.
„Hab mich ehrlich gefreut, von dir zu hören", sagt er. Wir stehen in Herzfeld auf einem Parkplatz an der Lippe. „Da ist der Wagen." Er zeigt auf einen glänzenden roten Opel mit Dachschienen, oben drauf zwei Fahrräder. Alles neu, als käme es direkt aus der Fabrik
„Die Räder bleiben drauf. Vierundzwanzig Gänge Shimano, Leichtmetallrahmen."
„Sag dem Cowboy, dass wir die Räder nicht wollen." Schröder geht um den Opel herum. „Die sind am Dachgepäckträger angeschlossen."
Alex grinst. „Habe leider den Schlüssel verloren."
„Was willst du für die Karre?"
„Kommt." Er führt uns in seinen Campingwagen. Wir quetschen uns auf eine Bank hinter einem Tisch. Es riecht nach Erbsensuppe.
„Zwanzig muss ich dafür haben", sagt Alex.
„Dann lass uns gehen", sagt Schröder.
„Die Räder gibts gratis dazu. Ihr könnt eine Tour machen. Schönes flaches Land hier."
„Wir lassen dir unseren Wagen da", sage ich. „Das macht dann zehn."
„Den will ich nicht. Das kostet extra."
„Die Fahrräder müssen runter", sagt Stoiber.
„Bessere Tarnung gibt es nicht", sagt Alex.
„Mit denen kriegst du kein Tempo", sagt Schröder. „Die müssen runter."

„Mit den Rädern seid ihr Touristen." Alex breitet seine Hände aus. Die goldenen Ketten und Ringe an seinem Handgelenk klimpern.
„Scheiß auf Touristen", sagt Schröder.
„Die Räder nehmen wir nicht", sagt Stoiber.
Alex grinst. Er sagt, wir können es uns überlegen, er sei noch ein paar Tage in der Gegend.
„Scheiß auf die Räder", sagt Schröder, „damit fahre ich nicht."
Er geht raus, zerrt an den Fahrrädern. Ich zähle das Geld ab.
„Wenn ich den Schlüssel für die Räder finde, wohin soll ich den schicken?", fragt Alex.
„Kanzleramt, Berlin."

Schröder singt. Der neue Wagen riecht neu. Als kein anderes Auto zu sehen ist, macht Schröder einen Bremstest. Die Tüte mit dem Geld fällt runter.
„Hör auf", sagt Stoiber.
„Top", sagt Schröder. „Allerdings ..." Er legt den Kopf schräg, gibt Gas, bremst wieder.
„Hör auf", sagt Stoiber.
Schröder wiegt den Kopf. Er fährt ein paar Schlangenlinien.
„Hör auf", sagt Stoiber.
„Hör auf", sage ich. „Mir wird schlecht."
„Hört ihr das?", sagt Schröder.
Wir hören nichts. Schröder biegt nach Soest ab. Er fährt die Kurve sehr schnell. „Da, hört ihr das?"
Er hält an, fährt wieder los und biegt in einen Feldweg ein. Ein paar Krähen fliegen auf. „Könnten die Stoßdämpfer sein."
„Der Wagen hat keine dreitausend runter. Was willst du?"
„Nachgucken." Schröder hält, steigt aus und tritt gegen die Reifen. Er stützt sich mit den Händen auf das Blech, bringt den Wagen zum Wippen. Stoiber gähnt.
„Scheiß Räder", sagt Schröder. Er langt durchs offene Fenster nach dem Zündschlüssel, zieht ihn heraus. Stoiber gähnt. „Fahr weiter", sagt er.
Schröder geht nach hinten und öffnet den Kofferraum.

Er flucht laut, beruhigt sich nicht wieder, tritt gegen den Wagen, schreit, wir sollen kommen.
Wir steigen aus. Im Kofferraum liegt einer. Er hat ein Loch im Kopf.
„Scheiß Fahrräder", sagt Stoiber. „Damit hat er uns abgelenkt."

„Westerwelle hat wieder eine Idee", sagt Schröder.
Stoiber antwortet nicht, sondern steigt ein, lässt aber die Tür offen. Er fängt an, alles mit einem Taschentuch zu polieren, was er angefasst hat.
Schröder sagt: „Westerwelle meint, er kennt einen Schrotthändler in Soest, der würde den Wagen unbesehen ankaufen und uns einen anderen dafür geben."
Stoiber poliert das Armaturenbrett.
„Westerwelle meint, der nimmt geklaute Autos auseinander und verschachert sie als Ersatzteile", sagt Schröder.
„Meine Fingerabdrücke lass ich hier nicht drin." Stoiber poliert die Türgriffe. Dann schlägt er die Tür zu.
Schröder sagt: „Westerwelle meint, der guckt nicht in den Kofferraum."
„Na los, fahr schon." Stoiber spuckt in sein Taschentuch und poliert die Kante des Handschuhfachs.
„Die Spucke", sage ich, „und dann der Gentest, so kriegen sie uns."
„Ach, wirklich", sagt Stoiber.

Um den Petrikirchplatz in Soest ist kein Durchkommen. Am Wochenende ist Bördetag, das Stadtfest anlässlich der Baumblüte. An jeder Ecke hängen Plakate. Von Bäumen ist nichts zu sehen. Wir müssen einen Umweg nehmen. Hätten wir gleich über die Autobahn fahren sollen.
Der Schrottplatz sieht fast noch aus wie früher. Er riecht auch noch so. Schmieröl, Gummi, Katzenpisse. Wir blockieren mit unserem roten Opel die Zufahrt und gehen zu Fuß durch die Schrottgasse. Es ist der Schrott von den Unfällen auf der A 44.

Michi sitzt auf einer Bank vor seinem Büro. Er erkennt mich sofort. Er kneift die Augen zusammen und betrachtet unseren Opel. „Geklaut?"
„Was gibst du uns?"
„Bleiben die Fahrräder drauf?"
„Ja."
„Fünfhundert."
„Wir brauchen einen neuen Wagen."
„Geht klar." Er steht auf. „Kommt." Wir gehen in sein Büro. Alles voller Ölkanister, Maschinenteile, Werkzeuge. Ein Sofa mit aufgerissenem Bezug. „Setzt euch."
Die Tür wird aufgerissen. Einer von Michis Mechanikern. „Die Bullen sind vorgefahren."
Wir springen hoch zu dem verschmierten Fenster. Es kommt tatsächlich ein Bulle die Schrottgasse entlang.
„Wir müssen weg."
„Nehmt die Hintertür."
„Wir brauchen einen Wagen."
Michi winkt seinen Mechaniker hinaus. „Halt den Bullen auf."
Er öffnet eine Schublade und klappert mit einem Autoschlüssel vor unseren Augen. „Ist mein eigener schwarzer BMW. Steht hinten. Nehmt ihn mit. Zwanzigtausend."
Ich zähle das Geld ab.

„Klasse Wagen", sagt Schröder. „Ist sein Geld wert." Am Rückspiegel baumelt ein Plastikbaum. Fichtennadel.
Schröder gibt Gas. „Autobahn?"
Stoiber schüttelt den Kopf. „Richtung Werl."
„Kenn ich!", sagt Schröder. „Da, wo der Knast ist."
Wir bleiben auf der B 1. Ein abgestellter Anhänger wirbt in roten Riesenlettern für den nächsten Imbiss.
„Wie wärs?", fragt Schröder.
Stoiber schüttelt den Kopf.
Kurz vor Werl gibt es einen dumpfen Knall.
„Was war das?"
Wir hinterlassen eine dunkelblaue Rauchwolke.

Schröder beugt sich über die geöffnete Motorhaube. Wir stehen auf einem Feldweg. „Guck dir das an", sagt er.
„Wie viel haben wir noch?", fragt Stoiber. Wir sind im Auto sitzen geblieben.
„4410." Ich halte ihm die Plastiktüte hin.
Er winkt ab.
Schröder lässt die Motorhaube fallen und steigt wieder ein.
„Das musste passieren."
„Wieso?"
„War nur notdürftig geflickt."
„Können wir noch fahren?"
„Nur mit Rauchfahne."
„Fahr los", sagt Stoiber.
„Aber nicht durch Werl", werfe ich ein. „Bei dem Gestank, den wir machen, kassieren uns die Bullen sofort. Ich kenne einen Weg hintenrum über die Felder."
Schröder wendet, um wieder auf die B1 zu kommen. Der Motor stottert, dicker blauer Qualm hüllt uns ein. Jemand hupt mehrmals. Ein schwarzer BMW versperrt uns den Weg. Michi steigt aus, fächelt mit der Hand den Qualm von seinem Gesicht.
„Ich lege ihn um", sagt Schröder und lässt die Seitenscheibe herab.
„Ihr habt den falschen Wagen genommen", brüllt Michi. „Zum Glück habe ich euch gleich gefunden."
„Wir haben extra Rauchzeichen gegeben", sagt Stoiber.
„Nehmt den." Michi zeigt mit dem Daumen auf seinen BMW hinter sich. „Tut mir leid."
Er geht voraus, öffnet für Schröder die Tür. „Tut mir wirklich leid. Ich habe mehrere von den Dingern. Die falschen Schlüssel gegriffen. Kommt mal vor. Ach, äh, noch was: Ich hab gerade vollgetankt. War mein letztes Geld. Hundertzwanzig. Wenn ich vielleicht ..." Er hält die Hand auf.
Ich sehe Stoiber an. Stoiber sieht mich an.
„Guck dir das an", schreit Schröder. „Wahnsinn, der hat einen eingebauten Fernseher. Los, steigt ein."
Ich zähle das Geld für Michi ab.

Wir bleiben auf der B 1. Stoiber versucht den Fernseher einzuschalten. Es kommt kein Bild.
„Die Dinger gehen während der Fahrt nicht", sage ich. „Aus Sicherheitsgründen."
„Was weißt du denn."
Ich ziehe mich in meine Polster zurück und teile das Geld auf. 4290. Macht durch drei: 1430 für jeden.
Stoiber schiebt das dünne Bündel in die Hosentasche. „Scheißjob."
Schröder steckt es in die Innentasche seines Jacketts. „Was machen wir mit dem Wagen?"
„Verkaufen."
Mir fällt mein Onkel in Unna ein. „Hört mal, ich habe da einen Onkel in Unna ... Fahr auf die 233."
„Wir haben keine Papiere für den Wagen", sagt Schröder.
„Und wir haben die Schnauze voll von deinen Ideen", sagt Stoiber.
Nach einer Weile sagt Schröder: „Was macht denn dein Onkel?"
„Der sammelt BMWs."
„Man könnte es doch probieren", sagt Schröder.
Stoiber hört auf, an dem Fernseher rumzufummeln. „Ich nehme an, die gehen während der Fahrt nicht."
Wir kreisen auf dem Ring um die Altstadt von Unna.
„Verdammt, wo wohnt dein Onkel?"
„Da raus, rechts nach Königsborn."
Schröder folgt jetzt der 233 Richtung Kamen.
„Pass auf", rufe ich. Eine Katze huscht über die Straße. Schröder bremst scharf. Hinten rumpelt etwas im Wagen.
Vor einer Mühle ohne Flügel halten wir an und steigen aus. Die Katze ist in einem Vorgarten verschwunden. Schröder öffnet den Kofferraum und schließt ihn ganz schnell wieder. Stoiber sieht sich um, ob uns jemand aus den Häusern beobachtet. Wir wussten es schon, bevor wir den Kofferraum öffneten. Der Mann mit dem Loch im Kopf liegt darin.

„Jetzt bestimme ich", sagt Stoiber.
Wir sind einverstanden.
Wir fahren zurück nach Soest. Lange vor dem Schrottplatz parken wir. Hinter den Schrottbergen tauchen Krähen auf. Gülle überdeckt den Geruch von Altöl und Schmiere. Vorsichtig nähern wir uns dem Eingang. Stoiber geht voraus. Er duckt sich, winkt, wir sollen warten. Er schleicht sich auf das Gelände, dann kommt er zurück.
„Die sitzen da vor dem Büro und trinken Bier."
„Wer?"
„Dein Michi und dein Alex."
„Ehrlich? Beide zusammen?"
„Keine Sorge, die Polizei ist auch dabei."
„Was?"
„Der Polizist trinkt mit."
„Willst du damit sagen, das ist gar kein echter?"
„Sieht so aus." Stoiber sieht mich an, rümpft die Nase, als ob ich stinke. Ich reibe mir das Gesicht und ziehe die Schultern hoch. Wir gehen zurück zum Wagen und fahren ihn hinter Michis Büro. Wir stellen den BMW genau da ab, wo vorher der andere stand. Den Schlüssel lassen wir stecken. Wir gehen zu Fuß in Richtung Stadtmitte. Die Straßenbäume sind mit künstlichen Blütengirlanden umwickelt.
„Warte mal", sagt Schröder. Er beugt sich zu einem geparkten Auto hinab. An der Seitenscheibe hängt ein Schild: „Notverkauf. Nur 4300,–"
„Wie viel haben wir?", fragt Schröder.
„4290."
Wir legen unser Geld wieder zusammen.
„Ist noch was in der Tüte?", fragt Schröder.
Ich schüttle den Kopf.
„Wir müssen ihn runterhandeln", sagt Stoiber.

Ebbe

Ihr Lächeln hängt an dünnen Fäden. Immerhin.
„Ist auch viel zu kalt", sage ich. „Lass uns zurückgehen."
Eine kleine Welle leckt ihr die Schuhspitzen.
„Das Wasser mag mich", sagt sie, bewegt kaum die Lippen dabei.
Ich sehe hinauf zu den Dünen. Der Sand presst sich an den Boden, um nicht vom Wind mitgerissen zu werden.
Es ist keine Hilfe in Sicht. Ich muss es allein schaffen.
„Der Mann am Imbiss schmiert sich Ketchup in die Haare", sage ich. Es ist gelogen. „Er glaubt, es verhindert Haarausfall."
Es nützt nichts. Sie hört mir nicht zu.
„Hallo", sage ich und schwenke meine Handfläche vor ihren Augen.
Ihr Blick kommt von der anderen Seite des Meeres.
„Es ist nett von dir", sagt sie, „aber ich muss jetzt gehen." Sie macht einen Schritt nach vorn. Das Wasser weicht vor ihr zurück.
„Warte." Ich bücke mich, hebe einen weißen Stein auf. „Hast du das von den Diamanten gehört? In jedem tausendsten Brötchen ist einer eingebacken. Und jetzt hat eine Frau den Bäcker verklagt, weil sie sich daran einen Zahn ausgebissen hat. Stell dir das mal vor. Ich meine, das muss man sich mal vorstellen."
Ich habe keine Ahnung, was ein Psychologe in dieser Situation sagen würde, ich kann nur Unsinn erzählen und wie eine Welle über sie schwappen lassen.
„Guck mal." Ich stecke mir den Stein in den Mund. „Weißt du, dass die immer nach gesalzenen Himbeeren schmecken? Die weißen vor allem."
Ich hebe einen weiteren Stein auf und halte ihn ihr hin.
Ihr dünnes Lächeln gilt dem Meer.

„Früher mussten die Schulkinder mit einem Stein im Mund Englisch lernen. Doch dann ist einmal ein Lehrer gesteinigt worden, glaube ich."
Ich stelle mich vor sie, hole den Stein aus dem Mund und betrachte ihn gegen den Himmel.
„Mit dem hier stimmt was nicht", sage ich. Eine Welle nutzt die Gelegenheit, in meine Schuhe zu schwappen. „Wenn ich den im Mund habe, höre ich orientalische Musik. Gibts das?"
Ich lege den Stein auf meine Zunge, öffne den Mund und neige mich ihr zu. „Hör mal!"
Ihr Blick streift meine linke Schulter, geht über mich hinweg. Ich sehe nach unten. In unseren Schuhen gurgelt das Wasser.
„Oh, verdammt." Ich presse mir die Hand gegen den Mund. „Ich hab den Stein verschluckt." Ich greife mir an den Hals. „Er wird mir den Magenausgang verstopfen. Ich muss sofort ins Krankenhaus. Hilfe!"
Ich fange an, auf und ab zu springen. „Er steckt in der Speiseröhre fest. Was soll ich tun?"
Sie sieht mich an, schiebt die Lippen von rechts nach links. „Du bist ein Dummkopf."
„Ja", sage ich. Mir kommen die Tränen. „Ich werde sterben."
„Daran nicht", sagt sie.
„Nicht?" Ich stelle mich neben sie. Wir sehen aufs Meer hinaus und schweigen. Ich zähle einfach die Wellen.
„Es ist Ebbe", sage ich. „Da ist es überall zu flach."
Sie dreht mir den Kopf zu, hat schmale Falten auf der Stirn wie Linien im Sand.
„Wir sollten wiederkommen, wenn Flut ist", sage ich. „Dann ist alles einfacher."
Sie nickt. Wir gehen den Strand hinauf. Der Sand zuckert unsere Schuhe.
„Hast du wirklich den Stein verschluckt?", fragt sie.
„Ja", sage ich.

Hochzeit in Voerde

Plötzlich ändert sich das Motorgeräusch.
Ich schrecke hoch. „Wo sind wir?"
Etwas kratzt und schabt im Motorraum. Ein Tier, das rauswill.
„Das Kühlwasser kocht", sagt Ulrich. Er schwitzt hinter dem Steuer. Sein karierter Anzug ist ihm in den letzten vier Jahren zu klein geworden. Die Hosenbeine sind zu kurz. Das Lenkrad schleift auf seinem Bauch. Auch das Hemd zerrt an den Knöpfen. Am Armaturenbrett blinkt das rote Licht.
Ulrich stellt die Warnblinkanlage an, sucht einen Parkplatz.
„Dinslaken", sagt Ulrich. „Wir haben es fast geschafft."
Er öffnet einen weiteren Knopf seines hellblauen Hemdes. Dann lenkt er den Wagen in eine Parklücke und stellt den Motor ab. Ich falte die Straßenkarte auseinander.
„Das ist die Straße nach Voerde", sagt Ulrich. „Ist schon richtig." Er wischt sich mit dem Handrücken über die Stirn.
„Warum fährst du nicht Autobahn?", frage ich.
„Weil das Kühlwasser kocht."
„Seit wann?"
„Seit Bochum."
Ich hole tief Luft.
Ulrich streckt mir beide Handflächen entgegen. „Ganz ruhig. Es ist mein Wagen. Und ich will genauso schnell an das Geld wie du." Er holt einen Lappen unter dem Fahrersitz hervor. Wir steigen aus. Ulrich zieht sein Jackett aus und krempelt die Ärmel hoch, dann öffnet er die Motorhaube.
Ein dünner Dampfstrahl kommt aus einem Schlauch. Ulrich dreht mit dem Lappen am Kühlerverschluss. Der Deckel springt ihm aus der Hand. Dampf zischt hoch, hüllt ihn ein. Tanzend und fluchend kommt er wieder zum Vorschein. Er pustet auf seinen Unterarm.

Ich schüttele den Kopf. „Endstation."
Ich gehe nach hinten und öffne den Kofferraum. „Was für ein Glück, dass wir alles dabeihaben." Ich hebe die große Drahtschere heraus.
Am Zaun eines Hauses lehnen Fahrräder. Ich suche zwei aus und schneide die Schlösser durch.
„Ist doch nicht mehr weit", sage ich. „Oder?"

Ein kühler Wald hüllt die Straße ein. Ulrich ist es zu warm. Er fährt in Hemdsärmeln, das Jackett zusammengerollt auf dem Gepäckträger. „Warum hast du eine Gangschaltung und ich nicht?", schreit er.
„Weil du mehr Gewicht hast", sage ich. „Das bringt mehr Druck auf die Pedale."
Nach dem Wald kommt Möllen, das gehört schon zu Voerde. Einfamilienhäuser entlang der Straße. Kein Mensch zu sehen.
„Wir kommen zu spät", sagt Ulrich.
„Wir sind auch nicht eingeladen."
Mir tut der Hintern weh. Wenn man vier Jahre im Gefängnis gesessen hat, ist man das Radfahren nicht mehr gewohnt. Ich bremse, steige ab und ziehe mir die Hose aus dem Schritt. Ulrich stellt sein Rad gegen einen Zaun. Er schnappt nach Luft, die Mundwinkel sind herabgezogen. Ein Fisch auf dem Land. „Alles nur wegen deinem Auto", sage ich. „Dabei hattest du vier Jahre Zeit, es reparieren zu lassen."
Es sollte ein Witz sein. Ulrich knurrt. „Wenn Heinz das Geld nicht mehr hat, bringe ich ihn um." Er hält mir seinen Unterarm hin. Die verbrühte Stelle schwillt zu einem roten Ei an. Als er wieder aufsteigen will, rutscht er vom Pedal und rammt die Fußspitze gegen den Asphalt. Er wirft das Rad weg, tanzt mit zusammengebissenen Zähnen auf einem Bein.
„Was ist los?", frage ich.
„Nichts", zischt er und steigt auf. Ich fahre vor. Nach einer Weile kommt er heran. „Wehe, der hat das Geld nicht mehr", sagt er mit kleinen roten Augen.

Wir finden das Rathaus und schieben unsere Räder in den Fahrradständer.

„Ist dir schon mal aufgefallen, dass hier alles violett ist?", fragt Ulrich.

„Klar", sage ich und zeige auf die verbrühte Stelle auf seinem Unterarm.

„Quatsch", sagt er. „Ich meine die Laternen, die Schilder, der Fahrradständer. Ist doch Violett? Oder ist das dunkles Lila?"

Eine Frau kommt aus dem Rathaus. Ich frage sie nach dem Standesamt. Sie lacht, legt den Kopf schräg und sieht uns von oben bis unten an. „Ein Freund von uns heiratet heute", versucht Ulrich zu erklären. Ich glaube, sie hält uns für schwul.

Das Standesamt, erfahren wir, befindet sich nicht im Rathaus, sondern im Haus Voerde, einem Wasserschloss. Die Frau beschreibt uns den Weg. Dann holt sie noch einen kleinen Stadtplan aus der Handtasche und schenkt ihn uns. Ulrich hat sich auf eine Bank gesetzt und den rechten Schuh und die Socke ausgezogen. Der Nagel des großen Zehs schwimmt im Blut.

„Haben Sie sich verletzt?", fragt die Frau.

„Der blutet immer irgendwo", sage ich.

Ulrich tippt mit dem Finger vorsichtig auf den Nagel und holt Luft durch das Gitter seiner Zähne. „Das zieht sich bis ins Rückenmark."

Die Frau geht langsam über den Platz und dreht sich noch einmal um.

„Musst du jedem erzählen, warum wir hier sind?" Ich klopfe mir mit der flachen Hand auf die Stirn. „Das ist eine Kleinstadt. Morgen weiß es jeder. Deshalb ist hier alles violett. Das ist eine Warnfarbe. Tratsch- und Klatschzone."

Ulrich tupft seinen Zeh. Dann versucht er, seine Socke und seinen Schuh wieder anzuziehen. Alles ist ihm zu klein und zu eng, die Arme zu kurz. Der Schweiß quillt ihm aus den Haaren. „Ich will mein Geld", jammert er. „Und dann weg hier."

„Lass uns vorsichtig sein", sage ich. Das Schloss schimmert weiß zwischen den Bäumen einer Allee hindurch. Stimmen und

lautes Lachen sind zu hören. Wir schieben die Räder ins Gebüsch an der Straße und gehen den Weg zum Haus Voerde.
Es müssen mehrere Hochzeitsgesellschaften sein. Eine große Gruppe lässt sich vor dem Schlosshof fotografieren, während eine kleinere den Weg heraufkommt.
„Los, weg!" Ich stoße Ulrich zur Straße zurück.
Er hinkt und stöhnt bei jedem Schritt. „Der Schmerz", sagt er, „geht bis ins Gehirn."
Wir verstecken uns hinter einem Baum. Das Hochzeitspaar stellt sich auf einer Brücke für ein Foto auf. Der Bräutigam ist Heinz. Mit seinem grauen Gesicht und dem schwarzen Anzug sieht er aus wie ein Kellner aus einer Kellerbar, in die noch nie ein Sonnenstrahl gefallen ist. Neben ihm seine blonde Braut im gelben Kleid. Steht wohl sonst in der gleichen Kneipe hinterm Tresen. Sie bekommt noch einen weißen Blumenstrauß gereicht. Nur für das Foto.
„Lass uns einfach hingehen", sagt Ulrich.
„Und wenn es hart auf hart kommt? Das sind zu viele."
Die Gruppe verteilt sich an der Straße auf drei Autos.
„Los, hinterher." Ich reiße mein Fahrrad hoch. „Wir dürfen sie nicht verlieren."
Ulrich dreht sich um und rennt mit dem Kopf gegen einen Baum.

„Blöde Fahrräder", sage ich. Wir fahren durch die Felder, haben den Wind von vorn.
„Ich will mein Geld", jammert Ulrich. Ich sehe mich nach ihm um. Ein Blutstropfen aus der Schramme auf seiner Stirn wird vom Wind in die Haare gedrückt.
Wir finden die Autos auf einem Parkplatz in Götterswickerhamm, dem nächsten Ortsteil. Die kleine Gesellschaft sitzt in einem Restaurant mit Blick auf den Rhein. Wir stellen die Räder ab. Heinz kommt gerade mit einem Mann aus dem Restaurant. Sie zünden sich Zigaretten an. Wenn sie den Rauch einziehen, wirken ihre Gesichter knochig, die Augen weichen in ihre Höhlen zurück.

„Lass uns das Geld holen", sagt Ulrich mit dem Gesicht eines Kugelfisches. Er hinkt zum Restaurant. Heinz erkennt ihn und zieht die Brauen hoch. Er lässt seinen Begleiter zurück und kommt auf uns zu.
„Ihr seid draußen?"
„Wir wollen das Geld", singt Ulrich.
„Na klar. Kriegt ihr."
Ich schüttele Heinz die schlaffe Hand. „Herzlichen Glückwunsch."
„Woher wisst ihr von der Hochzeit?"
„Es gibt Leute, denen hast du eine Hochzeitskarte geschickt."
„Ich wusste ja nicht ..." Heinz breitet die Arme aus. „Muss jetzt leider zurück", sagt er. Er zeigt seine gelben Zähne.
„Wir kommen mit", sagt Ulrich.
Heinz zieht die Oberlippe hoch. Die schmalen Zahnstümpfe liegen frei. Karies. „Geht nicht", sagt er. „Ist doch eine Hochzeitsgesellschaft. Hätte ich gewusst, dass ihr wieder draußen seid, hätte ich euch auch eine Einladung geschickt, ehrlich."

„Wenn der das Geld nicht mehr hat, bringe ich ihn um!" Ulrich schwitzt hinter mir. Wir radeln wieder durch die Felder. Ich lasse ihn herankommen. Die Töne, die er von sich gibt, sind vom Quietschen seines Sattels und dem Schleifen der Kette kaum zu unterscheiden.
„Du hättest die vier Jahre auch nutzen können, ein bisschen abzunehmen", sage ich.
„Ich will mein Geld", sagt er, als wäre er betrunken vor Anstrengung.
Heinz hat uns in dem kleinen Plan eingezeichnet, in welchem Stadtteil er wohnt. In Friedrichsfeld am Markt. Als wir ankommen, ist Ulrich vollkommen erschöpft. Er lässt sich in den Stuhl eines Eiscafés fallen und bestellt einen Eisbecher mit Kirschen. Er isst ihn röchelnd und hustend. Ich trinke Espresso.
„Davon kriegt man Magenkrebs und diese scharfen Falten zwischen Nase und Kinn", sagt Ulrich und zeigt auf die kleine dicke Tasse.

„Diese Falten hatte ich schon immer."
Ulrich isst einen weiteren Eisbecher mit Erdbeeren. Ich trinke noch einen Cappuccino. Heinz kommt nicht.
„Los, wir gehen zu ihm", sagt Ulrich. „Ich will mein Geld. Und dann bringe ich ihn um."
„Es ist sein Hochzeitstag."
„Egal", sagt Ulrich.
Wir stehen auf und gehen zu den Rädern. Ulrichs Vorderreifen hat kaum noch Luft. Ich gebe ihm meine Luftpumpe. Er rutscht vom Ventil ab und klemmt sich den kleinen Finger zwischen den Speichen ein. Ich pumpe für ihn.
Heinz kommt aus einem der Mietshäuser. Da wohnt er also. Er winkt uns in die Mitte des Marktplatzes. Er sieht sich um und spricht leise. „Hört mal, ich komme so schnell nicht an das Geld. Das dauert ein bisschen. Könnt ihr nicht in ein paar Tagen wiederkommen?"
Ulrich schüttelt den Kopf und saugt an seinem Finger.
Ich erkläre Heinz die Situation mit dem kaputten Auto. Wir folgen ihm zum Bankautomaten. Fünfhundert, mehr gibt ihm der Automat nicht.

„Warum hab ich ihn nicht umgebracht?" Ulrichs kleiner Finger ist geschwollen. Beim Fahren spreizt er ihn vom Griff ab.
„Es ist seine Hochzeitsnacht", sage ich. „Wir kriegen das Geld noch."
Wieder auf dem Weg durch die Felder. Wir wollen zurück nach Voerde. Am Bahnhof gibt es ein Hotel. Heinz hat für uns dort angerufen und ein Zimmer bestellt. Ulrich wird immer langsamer. Er sagt, er hätte zu viel Eis gegessen. Er fährt Schlangenlinien, und sein Gesicht leuchtet in der Dämmerung, als hätte er Sonnenbrand. Er sagt, sein Bauch würde ihn immer von einer Seite zur anderen ziehen. Ich lasse ihn vorfahren, damit er das Tempo bestimmt, aber in diesem Moment bleibt er mit dem Vorderrad in einem Schlagloch hängen. Das Rad kippt, und mit ausgestreckten Armen landet Ulrich in einem Maisfeld. Ich helfe ihm hoch, klopfe ihn ab.

Das Hemd ist ihm aus der Hose gerutscht. „Jetzt guck dir das an", sagt er und zieht das Hemd ganz hoch. Es ist Blut auf seinem Bauch.

„Ich will mein Geld", sagt er.

Ich wische seinen Bauch mit einem Papiertaschentuch sauber. Ein Stück Glas von einer zerbrochenen Flasche steckt noch im Fleisch. Ich ziehe es heraus.

„Du kannst froh sein, dass du so dick bist", tröste ich ihn. „Es steckte nur in der Fettschicht."

Er setzt sich an den Straßenrand und drückt die Hand auf die Wunde. Ich knie mich vor ihn und sehe ihm ins Gesicht.

„Ich muss sterben", sagt er. Es sieht fast aus, als wären die Schweißperlen Tränen.

„Der Heinz bescheißt uns doch", sagt er. „Wir sollten sofort umkehren und das Geld verlangen."

„Morgen", sage ich und zeige auf den Himmel. „Es wird gleich dunkel."

„Nein. Jetzt", sagt Ulrich. „Morgen bin ich tot."

Er stützt sich ab und kommt hoch.

„Weißt du, wir entführen ihn und erpressen das Geld von seiner Frau. Die weiß bestimmt, wo es ist. Deshalb hat sie ihn ja geheiratet. Mal ehrlich, so einen, der aussieht wie der Tod, den heiratet man doch sonst nicht."

„Wir hatten einen Unfall", sage ich am Handy. „Ulrich ist verletzt. Wir stehen bei dir vorm Haus."

„Ich komme runter", sagt Heinz.

Es wohnen vier Parteien in dem Haus. Der Name von Heinz steht auf keiner Klingel, nur der seiner Frau. Wir stellen uns zu beiden Seiten des Hauseinganges auf. Als Heinz die Tür öffnet, schlägt Ulrich ihm einen flachen Feldstein gegen die Stirn. Ich fange Heinz auf. Wir ziehen ihn ins Haus zurück bis zum Kellerabgang. Ich suche nach dem Schlüsselbund in seinen Hosentaschen. Er ist ganz dünn unter dem Stoff. Nur Knochen. Seine Poren im Gesicht sind viel größer als früher.

„Du hast ihn totgeschlagen", sage ich.

Heinz hat seine Augen offen, aber er sagt nichts und bewegt sich nicht.
Ich probiere die Schlüssel für den Keller. Ulrich stemmt sich Heinz auf die Schulter. Im Keller steht ein altes Sofa. Wir legen ihn darauf, und ich fessle ihn mit einem Verlängerungskabel.
„Ich gehe hoch zu ihr", sagt Ulrich.
„Lass mich das machen. Du erschreckst sie." Ich zeige auf seinen Bauch. Es hat nicht aufgehört zu bluten. Das ganze Hemd ist voll.
„Mach schnell", sagt er. „Ist nicht mehr viel Blut in mir."

„Herzlichen Glückwunsch", sage ich und: „Ich bin ein Freund von Heinz."
„Mein Mann kommt gleich wieder." Sie lacht. „Wie das klingt: mein Mann." Sie bittet mich herein. Im Wohnzimmer steht eine Flasche Champagner mit zwei Gläsern. Sie lacht schon wieder. Es gibt keinen Grund dafür. Aus der Nähe ist sie älter, als ich dachte. Sie stellt sich kichernd als Elisabeth vor und holt ein drittes Glas aus der Küche.
„Früher", sage ich, „hab ich mit Heinz zusammengearbeitet."
„Früher? Als er bei dem Sicherheitsdienst war?" Sie lacht schon wieder. „Ich habe noch nie gearbeitet", lacht sie.
Ich erzähle ihr die Geschichte mit dem Geldtransporter. Die ganze Geschichte von dem Raub, von Ulrich, Heinz und mir. Und dann sage ich: „Wir haben Heinz entführt. Wenn Sie uns das Geld nicht geben, was er uns schuldet, dann ..." Ich ziehe die flache Hand über meine Kehle.
Sie lächelt, neigt sich vor und sagt: „Noch ein Gläschen?" Und dann schenkt sie einfach nach. Ich glaube, sie hat mir gar nicht zugehört, oder sie ist nicht richtig im Kopf und versteht nicht, was ich sage.
„Haben Sie verstanden, was ich gesagt habe?"
„Ja. Nein." Sie lacht. „Heinz, also mein Mann, wird gleich kommen."
„Nein, der kommt nicht." Ich stehe auf und neige mich so dicht zu ihr, dass ich ihren Atem spüre. „Wir haben den Heinz ent-

führt", brülle ich. „Wir wollen unseren Anteil. Hunderttausend Euro. So viel müssen es noch sein. Und wenn Sie die Polizei holen, erzähle ich denen die Geschichte mit dem Geldtransporter noch mal. Wir haben nämlich unsere Zeit schon abgesessen, aber Heinz noch nicht."
Sie küsst mich auf die Nase.
„Sie sind süß", sagt sie. „Aber ich weiß nicht, wo er das Geld hat."

„Die weiß nichts", sage ich.
In dem Kellerlicht sehen Ulrich und Heinz aus wie Chinesen.
„Die weiß nichts", sagt Heinz.
„Ich will mein Geld", sagt Ulrich. Er hält sich die linke Hand.
„Was ist passiert?"
Heinz versucht sich aufzurichten. „Er hat sich da hinten am Schrank die Finger geklemmt", sagt er. Ich gehe zu dem Schrank und öffne ihn. Es ist ein kleines Weinlager.
„Mach mal eine auf", sagt Heinz.
Ich stoße den Korken mit einem Schraubendreher in die Flasche und trinke die ersten Schlucke, dann gebe ich sie Ulrich. Ulrich trinkt und hält sie Heinz an den Mund.
„Du schlägst mir die Zähne aus", beschwert sich Heinz.
„Wo ist das Geld?", frage ich.
„Nun erzähl schon, du siehst doch, dass ich sterbe", sagt Ulrich. „Bauchschuss. Sieht man doch. Aber vorher bist du dran."
Die Wunde auf seinem Bauch scheint immer noch zu bluten.
„Das Geld", sagt Heinz, „habe ich mühsam in kleinen Summen umgetauscht und dann vergraben. Hinter dem Förderturm gibt es ein Umspannwerk. Da stehen drei dicke Isolatoren." Er lacht. „Hunderttausend Euro zu hunderttausend Volt. Kann man sich gut merken. Da liegt es einen halben Meter unter der Erde. Aber da kommst du jetzt nicht ran. Weil da Strom drin ist. Nur alle drei Jahre schalten die das ab, zur Inspektion. Und nur dann kannst du es ausgraben. Ihr müsst also in drei Jahren wiederkommen."

„Hübsche Geschichte", sage ich. „Machen wir. Du hast doch nichts dagegen, dass wir so lange deine niedliche Frau mitnehmen. Wir bringen sie dann in drei Jahren leicht gebraucht zurück."
„Ist ja gut", sagt Heinz. Er schließt die Augen und presst die Lippen zusammen.
„Du kannst ihn jetzt umbringen", sage ich zu Ulrich.
Heinz zerrt an den Fesseln. „Okay. Ich habe für das ganze Geld einen Imbiss gekauft. Ehrlich. Frag Elisabeth."

Heinz hat eine Beule auf der Stirn. Sie wächst noch.
Elisabeth öffnet in der Dunkelheit die Garagentür. Ein schwarzer Kombi schimmert darin.
„Ach, kein Geld, und wo kommt der Wagen her?", frage ich.
„Haben wir schon wegen der Großeinkäufe angeschafft", sagt Elisabeth. „Wir kaufen die Würstchen ab Fabrik."
Ulrich will fahren, aber als er um den Wagen herumgeht, bleibt er mit dem Hosenbein irgendwo hängen. Der Stoff reißt.
„Du nicht", sage ich. „Geh mit Heinz nach hinten."
„Ich fahre", sagt Elisabeth.
„Hauch mich mal an", sage ich zu ihr.
Sie legt die Arme auf meine Schultern und leckt mich an der Nasenspitze. „Weißt du, dass heute meine Hochzeitsnacht ist?", fragt sie. Sie will mich küssen, aber ich befreie mich von ihr.
„Ich fahre", sage ich.
Ulrich schiebt den gefesselten Heinz neben sich auf den Rücksitz.
Elisabeth führt mich auf die Bundesstraße. Nach kurzer Zeit biegen wir wieder nach Voerde ab.
„Bist schon vorbei", lacht Elisabeth. „Du hättest da wieder abbiegen müssen."
Ich wende. Eine dunkle Straße.
„Halt", sagt Elisabeth. Durch die Wagenfenster betrachten wir den Imbiss auf der anderen Straßenseite. Geschlossen. Nur eine Leuchtstoffröhre zuckt noch innen über dem Tresen.

„Musst du am Tage sehen", sagt Heinz. „Ein Super-Kiosk."
Überall blättert die Farbe ab. Vor dem Eingang wächst Gras.
Ich sehe Heinz mit offenem Mund an. „Diese Bruchbude da?"
„Innen ist es viel größer", sagt er.
„Ich bringe ihn um", sagt Ulrich.

Ich will nicht aussteigen. Wir bleiben alle im Wagen, und Heinz erzählt, dass er den Imbiss schon vor einem Jahr von einem alten Ehepaar gekauft habe.
„Die Übergabe ist erst jetzt. Nächste Woche", sagt er. „Es gehört noch ein Imbisswagen dazu. Damit ist der Mann immer auf die Märkte gefahren. Aber dann ist der dummerweise gestorben. Und die Frau ist krank geworden und hatte keinen Ersatz. Deshalb ist schon seit zwei Monaten geschlossen. Was willst du machen? Aber das kriegen wir wieder hin."
Ich sehe Ulrich an. Er ist auf dem Polster in sich zusammengesunken. Aus seinem Körper hängen viel zu kurze Arme und Beine. Langsam schließt er die Augen.
„Da kannst du ein erstklassiges Restaurant draus machen", sagt Heinz. „Ich stelle noch einen Koch ein, und das Ding ist praktisch schon jetzt eine Goldgrube."
„Der Imbiss ist Schrott", sage ich.
„Schlechte Lage", sagt Ulrich. Er schüttelt den Kopf.
„Die haben dich übers Ohr gehauen", sage ich.
„Beschissen", sagt Ulrich.
„Nein, nein, das sieht nur so aus. Ich fahre mit dem Wagen wieder auf die Märkte, und Elisabeth macht den Imbiss hier. In drei Jahren habt ihr euer Geld zurück. Mit Zinsen. Ist eine echt gute Investition."
Elisabeth ist ausgestiegen und dreht sich langsam mit ausgestreckten Armen vor dem Imbiss. Wir folgen ihr und gucken durch die Fenster. Alles verdreckt.
„Ich will Champagner", sagt Elisabeth. „Wieso haben die nicht geöffnet?"
Ich befreie Heinz von seinen Fesseln. „Du tust mir leid", sage ich.

Ulrich tritt gegen den Fahrradständer vor dem Imbiss. Er flucht und humpelt auf einem Bein im Kreis. Sein Gesicht glüht. Dann schlägt er mit der Faust gegen eine der Glasscheiben in der Tür. Sie splittert.
„Lass uns abhauen", sage ich.
Im Wagen wickelt sich Ulrich den Sicherheitsgurt um die Hand. Er hat einen Schnitt auf dem Handrücken.
„Idiot", sage ich. Auf dem Armaturenbrett liegt eine Packung Papiertaschentücher. Ich werfe sie nach hinten.

Wir bringen die beiden nach Hause und fahren mit dem Wagen zum Hotel am Bahnhof in Voerde zurück.
Auf dem Zimmer rolle ich Klopapier ab und wickle es Ulrich um den Bauch, um den Finger, um die Hand und um den Zeh.
„Den Wagen haben wir schon mal", sagt er.
„Bringt nicht viel, wenn wir ihn verkaufen." Ich ziehe mich aus und lege mich ins Bett. Ulrich ist es zu warm unter der Decke. Er liegt oben drauf wie ein Stück Teig. „Morgen bringe ich ihn um", sagt er. Ich lösche das Licht.
„Weißt du", sage ich nach einer Weile, „man müsste ein Hinweisschild für den Imbiss an der Bundesstraße aufstellen."
„Und vor dem Grundstück ein paar Fahnen", sagt Ulrich.
„Hast du gesehen, die hatten ja nicht mal Eis."
Ulrich wälzt sich herum. „Würstchen allein bringen es nicht mehr", sagt er. „Du musst Döner haben und Hamburger, dann läuft das. Und Suppen musst du unbedingt auch haben."
„Woher weißt du denn das?"
„Früher habe ich in einem Imbiss gearbeitet."
„Ehrlich?"
„Ja, war eine gute Zeit. Salate brauchst du auch. Konnte ich prima. Ist ganz einfach. Und schließlich habe ich einen Mittagstisch eingeführt. Da brummte der Laden. Dann ist mir das heiße Frittenfett über die Beine gelaufen, da habe ich gekündigt."
„Du kannst das alles?"
„Klar. Und Crêpes, Crêpes braucht man. Lecker, sage ich dir."

Ich strecke die Hand nach dem Schalter und mache wieder Licht.
„Hör mal, Ulrich", sage ich.
„Klar", sagt er, „wir nehmen den Imbiss."

Bärenführer

Ein kleiner brauner Knopf lag dicht vor ihrer Wohnungstür. Einen Moment überlegte er, zu klingeln. Dann erschien ihm der Knopf doch ein zu geringer Anlass für einen ersten Kontakt. Bei ihrem Einzug vor vier Tagen hatte er sich hinter der Fensterbank geduckt. Er hielt es für besser, nicht von ihr gesehen zu werden. Groß und schlank war sie. Solche Frauen gehörten in hellere Häuser.
Der Knopf könnte von ihrem dunklen Hosenanzug sein. Von der Jacke. Er nahm ihn auf und ging in seine Wohnung. Während er noch überlegte, wo er den Knopf aufbewahren sollte, klingelte es. Die neue Nachbarin in einem grauen langen Kleid. Er versuchte sich aufzurichten. Die Knochen in seinem Nacken knackten.
Sie schob ihr blondes langes Haar aus dem Gesicht, lächelte, sah an ihm herab, als wüsste sie, dass er ihren Knopf in seiner rechten Faust trug. Er war ein Dieb. Den Knopf jetzt zu präsentieren wäre ein Schuldeingeständnis. Er schob seine Hand in die Hosentasche, um den Knopf darin fallen zu lassen.
„Ich bin …", sagte sie und schob ihren Körper vor, sodass sich seine Formen unter dem Kleid deutlich abzeichneten.
„Ich weiß." Die Hand in diesem Moment in der Hosentasche zu haben musste auf sie wirken, als versuche er, Regungen seines Geschlechts zu unterdrücken.
„Meine Freunde nennen mich Mika."
„Janosch. Ich bin Janosch." Er zog seine Hand aus der Hosentasche, um sie ihr zu geben. Sie betrachtete sie für einen winzigen Augenblick, hob dabei die Oberlippe etwas an, dann griff sie zu. Der Knopf in seiner Hosentasche wurde immer wärmer, begann zu glühen, brannte ihm einen Abdruck auf den Oberschenkel.

„Ich habe eine Bitte. Ich kenne Hamburg noch nicht. Wo soll ich anfangen? Auf der Reeperbahn?" Sie ließ seine Hand nicht wieder los.
„Oh."
„Zu gefährlich?"
„Nein, nein."
„Vielleicht zeigst du mir alles?"
Erst jetzt ließ sie seine Hand fallen. Er wusste nicht, wohin damit. Sein rechter Arm war länger als der linke. Sie würde es sicher bemerken.

Sie hatte sich umgezogen, trug Jeans, die ihre Beine dünn, zerbrechlich machten. In den weißen Turnschuhen überragte sie ihn nicht mehr. Sie gingen zur U-Bahn. Für eine kurze Strecke hakte sie sich bei ihm ein. Vor einem Schaufenster löste sie sich wieder. Er versuchte, sie nicht anzusehen. Wenn er ihr in die Augen sah, hätte er etwas sagen müssen. Das konnte er nicht. Er war verblüfft über ihre direkte Art, Kontakt zu suchen. Ihr blondes Haar flog auf, Strähnen kreuzten sich. Einmal berührte es ihn an der Wange. Janosch sah sich häufig um, spiegelte sich mit ihr in den Augen der Passanten.
„Wo fangen wir an?", fragte sie, neigte den Kopf, versuchte ihm ins Gesicht zu sehen. Er hatte immer noch den Knopf in der Hosentasche.
„Ich weiß nicht." Er wusste, dass sich in jedem Lokal alle Männer auf Mika stürzen würden. Wenigstens mit Blicken. Und dass man ihn taxieren würde, ob es leicht wäre, ihn von ihrer Seite zu vertreiben.
„Vielleicht gehen wir einfach erst mal die Meile rauf und runter."
„Ich habe Zeit", sagte sie. „Ich suche noch einen neuen Job."
Es klang, als suche sie Arbeit auf St. Pauli. Er dachte daran, wie ihn die Prostituierten in der Davidstraße immer aufzuhalten versuchten. Wenn er mit Mika vorbeiging, würden sie still sein. Gegen eine solche Frau hatten ihre Angebote keine Chance.
„Was machst du?", fragte Mika.

„Ich arbeite in einem Callcenter", sagte er und hatte das Gefühl, es erklären zu müssen. Es klang, als wäre es ein Bordell.

Vor dem *Lehmitz* blieben sie stehen. Hier war er schon oft mit Freunden gewesen. Zwei- bis dreimal die Woche spielte da eine Hausband. Sie gehörte nicht in dieses Lokal. Janosch versuchte, ihr den Blues zu erklären.
„Ich weiß", sagte sie, „für Männer, die vom Leben und den Frauen enttäuscht sind."
Sie ging einfach hinein. Einer der Gäste schlief mit dem Kopf auf dem Tresen. Mika bestellte Gin-Tonic. Janosch trank ein Bier. Sie bezahlte alles. „Für den Bärenführer."
Sie ging aufs Klo und kam mit verkniffenen Gesichtszügen zurück. „Braucht man überall Gummistiefel auf der Reeperbahn?", fragte sie.
„Wie wars in Bockenem?", fragte er.
„Da gab es überhaupt kein Lokal, in das ich gehen konnte. Nur in der Nähe der Autobahn, da wo auch die LKWs hinfuhren. Aber die Bedienungen mochten mich nicht."

Sie hatte sich wieder untergehakt. „Und hier hinein?"
Sie drängte ihn vor das Fenster eines Sexshops. Damit hatte Janosch nicht gerechnet. Er kannte sich mit solchen Läden nicht aus.
„Wirklich? Ich hab noch nie eine Frau in einen Sexshop gehen sehen. Ich weiß nicht, ob das gut ist."
Er versuchte, über die Dinge im Fenster hinwegzusehen, nichts zu fixieren. Im Laden würde das nicht gehen.
„Aber wir sind ein Paar. Ist das dann nicht normal?"
„Normal?"
„Ich meine, wir könnten so tun, als würden wir die Dinge benutzen."
Sein Körper gehorchte ihm nicht. Er drehte den Kopf zur anderen Straßenseite hinüber. Drüben lag *Hundertmark*, der Cowboyladen. Da hatte er sich mal eine Jeans gekauft.

Er folgte ihr durch die Gänge mit den Videos, Zeitschriften und Büchern. Der Laden besaß einen Teppichboden aus harten Fasern. Dunkelblau, fast violett. Bei den Tischen mit den Spielzeugen rieb er einen vermeintlichen Fleck von seiner Jacke. Als er aufsah, hielt sie ihm eine Verpackung entgegen. Ein blaues Kunststoffteil war darauf abgebildet. Er zuckte mit den Schultern. Er wusste auch nicht, was das für eine Funktion hatte. Bei dem Regal mit der Reihe unterschiedlicher farbiger Penisse blieb sie stehen.
„Genauso habe ich mir St. Pauli immer vorgestellt", sagte sie.
Er dachte, dass die Leuchtstoffröhren an der Decke im Grunde kein geeignetes Licht abgaben. Alle Farben waren falsch.

Sie wollte unbedingt in eine Stripshow.
„Im Grunde kenne ich nur drei, vier Läden auf St. Pauli. In denen ich meine Freunde treffen kann", sagte er. „Aber so gehts wohl jedem."
Er führte sie ins *Dollhouse*. Ein Kollege aus seiner Firma hatte dort Junggesellenabschied gefeiert. Er wollte Mika beobachten, aber sie hatte das Gleiche mit ihm vor. Sie sah nicht den Frauen zu. Sie sah nur ihn an.
„Was ist?"
Sie schüttelte den Kopf. „Nichts."
Nach einer Weile sagte sie: „Die Show gefällt dir nicht?"
„Nein, nicht so richtig."
„Was ist daran falsch?", fragte sie.
„Ich verstehe das nicht." Er warf das Spielgeld, das man an der Kasse bekam und in die Slips der Mädchen klemmen sollte, auf den Tisch.
Sie legte einen Arm um seine Schulter. „Du bist süß. Menschen wie dich gibt es in Bockenem nicht."
Er wagte nicht, sie anzusehen. Sie nahm den Arm wieder weg. Beim nächsten Mal müsste er versuchen, sie zu küssen.

Sie hatten genug. Ein Bier noch. Die Bar im ersten Stock des *Kukuun*-Hotels gefiel ihr. Sie setzten sich an das große Fenster,

blickten auf den Spielbudenplatz. „In Bockenem", sagte sie, „wurde ich überall rausgeschmissen."
„Was hast du gemacht?"
„Nichts. Die kannten mich einfach alle."
Janosch kannte Bockenem nur als Autobahnausfahrt. Er stellte sich nur wenige Häuser vor. Er lehnte sich zurück, konnte sie jetzt offen ansehen. Sie lächelte und griff mit einer Hand nach seinem Arm. „Ich bin nach Hamburg gekommen, weil mich hier niemand kennt."
„Wer bist du?"
„Ich bin ein Mann."
Janosch schwieg. Sie drehte den Kopf zum Fenster, wollte nicht von ihm betrachtet werden.
„Überrascht es dich?", fragte sie.
„Nein." Er sah ebenfalls zum Fenster hinaus. Sein Genick knackte.
„Wusstest du es?"
„Es gibt viele … also Frauen wie dich in Hamburg." Er fuhr mit dem Daumen die Tischkante entlang, nahm die Bierflasche und begann das Etikett an einer Ecke abzulösen. „Am Ende der Reeperbahn, da gibt es das *Pulverfass*, ein Kabarett …"
„Ich weiß. Ich weiß, was das ist." Sie sprach immer noch zum Fenster, hatte den Kopf gesenkt, die Haare ins Gesicht fallen lassen.
„Aber du hast es mir nicht angesehen?"
„Nein."
Sie wendete sich ihm zu und nahm das Haar aus dem Gesicht. Ihre Augen schwammen in zu viel Flüssigkeit, liefen über.
„Warum bist du dann nicht überrascht?"
„Eine tolle Frau, wie du eine bist, interessiert sich normalerweise nicht für mich. Etwas konnte mit dir nicht stimmen."

Die Unterwelt von Plaidt

Die Thermoskanne mit dem Kaffee gibt regelmäßig ein leises Krächzen von sich. Es erinnert mich an eine gerade aus dem Ei geschlüpfte Krähe.
„Jetzt gehören uns die Diamanten ganz allein", sagt Konrad.
Sonnenblumen fallen mir ein. Ich würde gern mal so lange an einem Ort bleiben, um zu sehen, wie sie langsam hochwachsen. Ich bin immer auf der Flucht.
„Wo hat er sie bloß versteckt?" Konrad zeigt auf Henk, der mit uns am Frühstückstisch sitzt. Henk Waterdam kommt aus Südafrika. Er ist ein vorsichtiger Mensch, hat dreimal das Flugzeug gewechselt.
Henks Augen mit den langen blonden Wimpern sind geschlossen. Ich warte darauf, dass er vom Stuhl fällt.
Der Wert der Diamanten müsste reichen für ein Leben mit Sonnenblumen.
Konrad atmet tief ein, pumpt sich mit der Luft hoch und tastet noch einmal die Säume von Henks weißem Leinenanzug ab. Das hatten wir schon.
Henk Waterdam wirkt schlank in seinem großen Anzug. Er hat kurzes Haar, jedes einzelne wie ein dünner Draht aus Gold. Seine Haut ist von der Sonne noch leicht gerötet.
„Pass auf, dass er nicht runterfällt", warne ich. Henk ist tot, und wir haben ihn nicht festgebunden.

Henk kam aus dem Flugzeug, zeigte mit breitem Grinsen ein Gebiss aus Sandstein. Wenn man gelbe Zähne hat, sollte man keine weißen Anzüge tragen. Er stieg zu uns ins Auto und schaffte es bis Koblenz. Kaum saß er an Konrads Tisch, hatte einen Schluck Kaffee getrunken, da stöhnte er, fasste sich an die Brust. Und weg war er. Für immer.

Wir haben seine Sachen mehrmals durchsucht. Sechs Diamanten, groß wie mein kleiner Fingernagel, müssen es sein.
„Er hat sie verschluckt", sage ich.
Konrad nickt. „Ist schon klar."
Die Steine gehören jetzt uns. Vorher sollten wir nur zehn Prozent vom Verkauf bekommen.
„Der normale Weg, damit die wieder rauskommen, funktioniert nicht mehr", sage ich. „Wir müssen ihn aufschneiden."
„Ich kann das nicht", sagt Konrad.
Wer kann das schon? Die Vogelkaffeekanne krächzt immer noch leise vor sich hin. Ich sehe die Diamanten in Henks Magen vor mir. Sie schwimmen in einer Kaffeepfütze. Es heißt, wenn man Sonnenblumen mit Kaffeesatz düngt, wachsen sie schneller.
Konrads Zeigefinger zuckt durch die Luft, zeigt auf mich.
„Der Schlachter in Plaidt!", brüllt er. Vor Schreck hört die Kaffeekanne auf zu krächzen. Auch tot.

Konrad ruft diesen Schlachter an. Er ist in Rente und wohnt jetzt in Plaidt. Der hat ihm schon mal geholfen. Ich will gar nicht wissen, wobei.
Plaidt liegt nur ein paar Kilometer außerhalb von Koblenz. Der Mann soll Henk aufschneiden. Er will es machen, aber dafür einen der Diamanten haben. Er wüsste auch einen guten Platz, um die Leiche verschwinden zu lassen. In der Unterwelt von Plaidt.
Von einem Ort namens Plaidt hab ich noch nie gehört. Und ich bin viel rumgekommen.
Konrad beträufelt Henk mit etwas Schnaps. Wir wollen ihn unter die Arme fassen und aus dem Haus ins Auto tragen. Wenn jemand fragt, sagen wir, unser Freund sei total betrunken. Riecht man doch. Konrad hat das mal in einem Film gesehen.
Aber es fragt niemand. Und Henk sitzt auf dem Rücksitz, als ob er schliefe. Wir fahren über die Autobahn. In vielen Autos sitzt hinten jemand mit geschlossenen Augen. Ich glaube, die sind alle tot.

In Plaidt ist alles gerahmt und gefegt. Die Pflastersteine greifen ineinander. Hand in Hand. Jedes Haus, jedes Stück Erde, jeder Vorgarten ist eingefasst.
„Hier gib es keine Unterwelt", sage ich.
„Vielleicht sollten wir uns hier auch ein Häuschen suchen", überlegt Konrad.
„Ja. Sonnenblumen. Ich würde gern mal Sonnenblumen züchten."
In der Kurve abwärts am Alten Kirchplatz fällt Henk um. Ich versuche ihn vom Beifahrersitz aus wieder aufzurichten. Es geht nicht. Wir parken auf dem Platz vor der Hummerich-Halle. Konrad geht zu der Tafel mit dem Straßenplan. Währenddessen öffne ich die hintere Wagentür und greife Henk unter die Arme, richte ihn wieder auf. Er hat die Augen nicht ganz geschlossen. Es sieht aus, als beobachte er mich. Ich drücke auf seine Lider. Sie lassen sich nicht mehr schließen. Dann ziehe ich an seinen Mundwinkeln, damit er lächelt. Seine Haut fühlt sich wie Wachs an, aber sie lässt sich nicht formen. Ich stopfe Henk kleine Stücke von einem Papiertaschentuch unter die Lippen.
Konrad kommt zurück. „Was ist mit dem?"
„Ich wollte, dass er lächelt."
„Warum?"
„Wegen seines Inhaltes."
Allmählich gefällt mir Plaidt. Hier ist nichts los. Alles aufgeräumt. Jeder lebt hinter seinen Mauern, hat einen Hinterhof. Wäre wirklich ein guter Platz, um Sonnenblumen zu züchten.
„Gibt es hier einen Laden mit Samen und Gartenbedarf?", frage ich.
Konrad antwortet nicht, presst die Lippen aufeinander und kurvt durch enge Gassen. Zum zweiten Mal an der Kirche vorbei. Dann findet er die Adresse. Der Schlachter wohnt in einem Bauklotzhaus. Sein Gesicht ist aus grauem, verwittertem Stein. Er geht in die Küche und kocht Kaffee für uns.
„Der ist so mager und hat einen Kopf wie ein Felsen", sage ich zu Konrad. „War der wirklich Schlachter? Die haben sonst immer dicke rote Gesichter."

„Der wird nur so genannt, wegen damals."
„Damals? Was hat er gemacht?"
„Na, kannst du dir doch denken. Aber er hat seine Strafe abgesessen. Und ist pensioniert."
Ich wage nicht weiter nachzufragen und sehe vom Seitenfenster des Hauses in den Hof. Er ist gepflastert bis zu den Mauern des nächsten Hauses. Kein Platz für Sonnenblumen.
Der Schlachter kommt zurück und serviert Kaffee. Es ist eine dünne Brühe.
„Mein Herz", erklärt er, „ich muss beim Kaffee auf den Grund sehen können."
Er geht zum vorderen Fenster, neigt sich hinab und sieht in unser Auto.
„Ihr habt nichts von einem dritten Mann gesagt."
„Das ist die Leiche."
Der Schlachter fasst sich an die Brust, wird blass und hustet trocken. „Seid ihr verrückt? Den kann doch jeder sehen."
Er lässt sich in einen Sessel fallen. Die Rippen drücken sich durch sein Hemd. Er macht seinen Mund auf und zu wie ein Fisch. Wasser glitzert in den Rissen seiner felsigen Wangen. Winzige Bäche.
„Dies ist ein anständiger Ort", sagt er mit der Stimme einer alten Frau.
„Okay", sagt Konrad, „wir bringen ihn rein."

„Sollen wir einen Arzt rufen?", frage ich.
Der Schlachter liegt lang auf seinem Sofa. Ich gebe ihm eine seiner Pillen und reiche ihm ein Glas Wasser. Henk sitzt ihm gegenüber in einem Sessel.
„Keinen Arzt." Der Schlachter schüttelt den Kopf. „Geht gleich wieder."
Allmählich kehrt etwas rötliches Licht in die Felswand seines Gesichts zurück. Dann erzählt er uns von der Plaidter Unterwelt. Der ganze Ort sei unterhöhlt, behauptet er. Daran seien die Römer schuld, die hätten damals ein weitläufiges Bergwerk errichtet, um Tuffstein abzubauen und daraus ihre Paläste zu

errichten. Und im Mittelalter sei das so weitergegangen. Wer es sich leisten konnte, baute sein Schloss damals aus Plaidter Tuffstein, so wie nach dem Zweiten Weltkrieg ganz Deutschland mit Bims aus Plaidt wieder aufgebaut worden sei.
„Das kommt alles durch die Vulkane", sagt der Schlachter. Er hat sich gesund geredet, kommt vom Sofa hoch und breitet die Arme aus. „Von hier bis zur Rauschermühle kann man unterirdisch gehen. Und dort guckst du dann in den brodelnden Vulkan und …"
„Und da schmeißen wir Henk rein", unterbreche ich ihn. „Da verbrennt dann die Leiche zu Asche. Und die Diamanten bleiben übrig. Alles klar."
Konrad grinst und nickt. „Schön wärs. Den Vulkan gibts nur noch im Film. Dort ist das Vulkanpark-Zentrum. Da war ich mal."
„Vor dreizehntausend Jahren war hier die Hölle los", sagt der Schlachter.
Er geht voraus in den Keller. Dort führt er uns vor einen alten mit Schnitzereien verzierten Kleiderschrank. Auf der Mitte der Türen ist eine Holzblume. Könnte eine Sonnenblume sein.
Der Schlachter öffnet den Schrank. Er ist leer und hat keine Rückwand. Wir blicken in ein schwarzes Loch. Es ist der Eingang in die Unterwelt.
„Zieht euch warm an", sagt der Schlachter, „da unten sind nur sechs Grad."

Wir binden Henks Füße zusammen. Konrad geht vor. Mit einer Hand hält er eine Gaslampe, mit der anderen die Schlaufe an Henks Füßen. Ich greife Henk unter die Arme. Es geht eine grob aus Stein gehauene Wendeltreppe hinab. Henk rutscht mir immer wieder aus der Hand. Sein Kopf schlägt auf die Stufen. Aber in seinem Zustand ist es egal. Nur Konrad flucht, wenn ihm Henk zwischen die Beine rutscht.
Der Schlachter ist noch oben und wetzt die Messer.
Unten erkennen wir, dass die Wendeltreppe die Säule einer Höhle ist. In drei Richtungen führen Gänge. An den Wänden

stapelt sich Müll, Berge von Bauschutt. Wir legen Henk neben Kisten mit zerbrochenen Flaschen. Konrad schwenkt die Lampe und geht ein Stück in einen Stollen. An den Seiten sind Nischen mit Kerzenresten.
„Ist ja toll", sagt Konrad. Er ist etwa zehn Meter vor mir, aber seine Stimme kommt direkt von der Decke über mir. Neben mir raschelt etwas. Aber da ist nichts. Nur etwas Sand rieselt von oben herab.
Wir steigen wieder hinauf. Der Schlachter ist nicht mehr im Haus. Wir finden ihn in der Garage auf dem Hof. Ein elektrischer Schleifstein läuft. Der Schlachter liegt der Länge nach daneben. Die Messer sind um ihn verstreut.
Wir beugen uns über ihn. Er hat die Augen offen, bewegt sich.
„Nur ein Schwächeanfall", sagt er. Wir helfen ihm hoch und klopfen ihm die Hose ab.
„Ich glaube", sagt er schwankend, „ich schaffe es nicht mehr. Ihr müsst es allein machen." Er zeigt auf ein langes dünnes Messer. „Das ist das schärfste."
Wir haken ihn unter und setzen ihn im Hof auf einem Holzblock ab. Zwei Töpfe mit Geranien stehen daneben. Wir warten, dass er sich erholt. Ich glaube, der Duft von Geranien ist schädlich. Ich stoße einen der Töpfe mit der Fußspitze an. „Hast du mal Sonnenblumen in Töpfen wachsen lassen?"
Der Schlachter wischt sich mit der Hand über die graue Steilwand seiner Stirn. „Ich bin raus", sagt er. „Aber macht es nicht unterhalb meines Hauses, geht hundert Meter nach rechts, dort findet ihr eine Nische mit einer halbhohen Platte, die sieht aus wie ein Operationstisch mit Blutrinnen. Und macht die Tür hinter euch zu."

Überall öffnen sich Seitenstollen. Manchmal ist ein Durchgang vermauert. Wir finden die Nische nicht. Vielleicht der falsche Gang. Schließlich legen wir Henk auf dem Boden ab. Wir ruhen uns einen Augenblick aus. Konrad will zurück, um einen der anderen Gänge zu suchen. Henk wird immer schwerer. Und wieso habe ich immer die Schultern und Konrad die Füße?

Nach einer Weile ist uns klar, dass es nicht der Rückweg ist. Eine der Kreuzungen hat uns verwirrt. Wir kehren noch mal um. In diesem Moment hören wir Schritte. Wir setzen Henk an die Wand. Vielleicht ist uns der Schlachter doch gefolgt. Aber die Schritte sind kräftig. Der Schein einer Lampe blitzt auf. Ich setze mich neben Henk und lege meinen Arm um seine Schultern, damit er nicht umkippt. Konrad stellt sich als Deckung davor. Ein Mann mit einem Schnauzbart kommt. Er ist wie ein Bergmann gekleidet, mit Helm und Kopflampe. Er trägt eine Holzkiste auf der Schulter.
„Tag auch", sagt Konrad.
Der andere blickt uns nicht an, geht stumm an uns vorbei. Wir warten, bis wir die Schritte des Fremden kaum noch hören.
„Was war in der Kiste?", flüstere ich.
„Wir sollten ihm nachgehen", sagt Konrad.
„Nein", sage ich. „Weißt du, dass die Kiste so groß war wie für einen Menschenkopf?"

Die Vernunft setzt sich durch. Wir löschen unsere Lampe und folgen dem Mann. Wo der hingeht, ist bestimmt ein Ausgang. Mit Henk im Schlepp und in der Finsternis kommen wir allerdings nicht so leise und so schnell vorwärts. Plötzlich sind die Schritte nicht mehr zu hören. Wir bleiben in der Dunkelheit stehen und lauschen. Konrad zündet unsere Lampe wieder an. Wir stehen am Ende eines Ganges vor einer Felswand. An die Decke über uns hat jemand mit dem Ruß einer Kerze eine Jahreszahl geschrieben: 1954.
Wir schleppen Henk wieder zurück. Ich denke, wenn die Totenstarre einsetzen würde, könnten wir ihn leichter tragen, wie ein Brett. Aber ich weiß das nicht so genau.
Ein Gang kreuzt unseren Weg. Wieder hören wir Schritte und Stimmen. Mehrere. Frauen. Sie kommen näher. Sie lachen.
Wir wollen Henk schnell in einer tiefen Nische verstecken. Aber es ist ein schmaler Stollen, in dem uns in diesem Moment zwei Frauen entgegenkommen. Sie tragen lange braune Kutten wie Mönche. Aber aus den Kapuzen ragen blonde Zöpfe. Sie

schleppen eine aus Weiden geflochtene Trage. Ein Mann liegt darauf. Sein Körper ist mit Sackleinen bedeckt. Sein Kopf schaukelt an der Seite herab, die Augen weit geöffnet. Er blutet aus der Nase. Die blaue Zunge hängt aus dem Mund. Dick wie bei einer Kuh.
Die Frauen verstummen, gehen vorbei, als wären wir nicht vorhanden.
„Was ist hier los?", frage ich leise.
„Weitergehen", knurrt Konrad durch die Zähne.
Ich kann nicht mehr. Henk rutscht mir aus den Händen.
Konrad kommt zu mir. „Was waren das für Frauen?", flüstert er.
„Hast du den Hals gesehen? Die beiden haben den Mann erwürgt."
„Psst", sagt Henk.
Die Frauen sind nicht mehr zu sehen. Aber in diesem Moment erreicht uns ein schwaches Kichern.

Nach einem weiteren Irrweg finden wir eine Nische, wie sie uns der Schlachter beschrieben hat. Wir legen Henk ab und beschließen, ihn erst aufzuschneiden, wenn wir den Ausgang wiedergefunden haben. Ich bin sicher, wir sind in der Nähe unseres Einstiegs. Mit einem Stück Ziegelstein malt Konrad Pfeile auf die Wände an den Wegkreuzungen. Daran werden wir unseren Weg erkennen. Das hätten wir von Anfang an tun sollen. Wir finden tatsächlich die steinerne Wendeltreppe. Aber sie ist oben vermauert. Es ist die falsche.
Wir probieren eine andere Richtung und landen in einem System von Gängen, die mit Schutt gefüllt sind. Es ist kaum noch möglich, aufrecht zu gehen, aber weiter hinten ist ein schwacher Lichtschein. Wir löschen die Lampe, um Gas zu sparen. Der Schuttberg wird höher. Schließlich kriechen wir auf allen Vieren und erreichen eine Abbruchkante. Konrad ist vor mir. Er dreht sich um und legt den Finger an die Lippen. Unter uns öffnet sich eine große Höhle. Mehrere Öllampen aus Ton beleuchten zwei Männer. Einer ist in Lumpen gekleidet und dabei, eine

Grube zuzuschaufeln. Er arbeitet schweigend. Der andere steht hinter ihm und trägt einen weißen Umhang aus einem Bettlaken. Seine Füße stecken in Sandalen. Als die Grube gefüllt ist, tritt er nach vorn und steckt eine Blume in die aufgeschüttete Erde. Er sagt etwas in einer fremden Sprache, dann brechen beide in dröhnendes Lachen aus.
Wir warten schweigend, bis sie gegangen sind.
„Die haben Latein gesprochen", sagt Konrad.
„Du meinst, es sind Römer?"
„Quatsch."

Die Lampe ist aus. Das Gas ist alle. In einer Nische habe ich einen Kerzenstummel entdeckt. Er wird nicht mehr lange brennen. Wir finden Henks Leiche nicht wieder. Wir wissen nicht, wo wir sind. Die Pfeile, die Konrad gemalt hat, sind an allen Ecken und zeigen in verschiedene Richtungen. Nach einer Weile hat Konrad angefangen, in Abständen laut zu rufen. Er meint, die Frauen müssten noch in der Nähe sein.
Ich entdecke eine Rohrleitung. Sie ist rostig, kommt aus der Decke und verschwindet nach ein paar Metern wieder darin. Ich klopfe mit einem Stein dagegen. Dreimal lang, dreimal kurz, dreimal lang. SOS. Ich wiederhole es. Keine Antwort.
Erschöpft setzen wir uns schließlich. Wir lehnen an der kalten Wand. Ich lege den Kerzenstummel vor uns in den Sand und male die Form einer Sonnenblume um ihn herum. Es sind nur noch ein paar Minuten, bis er verlischt.
„Der Mann vorhin …", beginne ich.
„Welcher Mann?", fragt Konrad.
„Der von 1954. Und dann die beiden Frauen, die waren doch aus dem Mittelalter."
Konrad stöhnt.
„Und dann die beiden Römer", sage ich.
„Schon gut", sagt Konrad. „Welches Jahr haben wir?"
Ich sehe ihn an. Er hat den Kopf in den Nacken gelegt. Sein Hals ist frei. Ich taste nach dem Messer des Schlachters in meinem Gürtel. Wenn es Konrad nicht mehr gibt, gehören alle sechs

Diamanten mir allein. In diesem Augenblick neigt sich der Docht der Kerze. Die Flamme zuckt, dann wird sie klein und blau wie eine glühende Raupe.

Nachbarn

Meine Arme hängen lang herab. Ich habe die ganze Nacht im Schuppen gearbeitet. Violine steht am Gartenzaun des Nachbargrundstücks. Die Morgensonne beleuchtet sie für ein Erinnerungsfoto. Ich winke und gehe wieder zurück zum Schuppen. Die Werkzeuge stehen noch draußen und rosten leise. Alle meine Nachbarn haben den gleichen Schuppen im Garten. Wir haben auch alle das gleiche Siedlungshaus.
„Komm her", zappelt Violine. Sie hat sich einen roten Kussmund auf die Handfläche gemalt. Ich schüttle den Kopf und Schweiß aus meinem Haar. Violine trägt das grüne Dirndl und legt ihre Brüste zum Ausruhen auf dem Gartenzaun ab. Ich schwanke zu ihr. Sie hat frische Kirschen rund um den Ausschnitt festgenäht.
„Ich will nicht mehr", sage ich und betrachte ihre nackten Füße, die sich unter dem Gartenzaun ein Loch graben.
Sie stempelt ihre Hand auf meine Wange und lacht. Jetzt habe ich wahrscheinlich den Abdruck des Kussmundes im Gesicht.
„Es ist aus zwischen uns", schlaffen meine Lippen, und meine Augen balancieren auf dem Lattenzaun entlang, fallen fast hinunter.
„Aber deine Frau tut es auch mit meinem Mann."
„Ich weiß. Ich habe sie letzte Nacht rausgeworfen."
Violine faltet sorgsam die Stirn. „Warum hast du das gemacht?"
„Weil es etwas anderes ist, ob wir beide deinen Mann betrügen oder ob mich meine Frau mit deinem Mann betrügt. Das ist ein Unterschied, verstehst du?"
Violine rundet die Augen, wirft einen Damm zwischen ihnen auf. „Ich hasse Veränderungen", knurrt sie.

In der Küche lade ich die Kaffeemaschine mit einer Überdosis. Mein Blick ödet durch den Garten. Plötzlich geht Violine in Zeitlupe vor dem Fenster vorbei. Sie trägt einen kurzen Nerzmantel und Fußketten mit Glöckchen. Sie betritt die Küche und reibt sich an meiner Seite. Ich verschütte Milch.
„War das dein letztes Wort?", schnurrt sie, geht in die Knie und legt ihre Zunge in die Milchpfütze.
„Einmal muss Schluss sein", sage ich.
Sie beugt sich zum Kühlschrank hinab. Hinten hebt sich ihr Fell. Sie ist nackt darunter. „Kannst du mir etwas Schinken leihen?" Sie wartet keine Antwort ab, sondern nimmt sich eine Scheibe von dem Prager Schinken und trägt das tote Fleisch mit zwei Fingern zur Tür.
„Was willst du damit?"
„Ich versuche, Pjaster damit aus dem Kamin zu locken." Pjaster ist ihr Mann.
„Er ist im Kamin?"
„Ja, er will nicht wieder herauskommen."

Viele meiner Nachbarn haben ihr Siedlungshaus nachträglich kaminisiert. Pjasters Beine gucken unten aus dem Feuerloch. Er steht mit den nackten Füßen in der Holzasche.
„Was machst du da?"
„Ich bleibe hier drin, für immer."
„Und warum?"
„Ich will hier drin sterben und auch nicht mehr reden."
„Keine Erklärungen?"
„Nein. Das war mein letztes Wort."
Ich finde, es ist eine gute Strafe für ihn, weil er mich mit meiner Frau betrogen hat. Zufrieden setze ich mich auf das Sofa. Mit der Fernbedienung schalte ich den Fernseher ein und nehme etwas von dem Knabbergebäck. Unterhalb meiner fast geschlossenen Lider läuft eine Talkshow. Violine präsentiert sich vor dem Bildschirm. Passend zum Schinken ist ihr Körper in ein rosa Seidenkleid eingesperrt. Ein Schlauch vom Hals bis zu den Füßen.

„Zieh mir das Kleid aus", stöhnt sie. „Es ist zu eng."
„Nein", sage ich, „zwischen uns ist es aus."
Ihr Mann scharrt mit den Füßen in der Asche.
Sie trippelt zum Kamin und beugt sich langsam nieder. Trotzdem reißt die hintere Naht ihres Kleides der Länge nach auf. Sie lacht, ruft ihren Mann und wedelt mit dem Schinken in Höhe seiner Knie. Es nützt nichts. Er bleibt standhaft.
Schließlich kommt sie zurück und schüttelt sich den Kleiderlappen vom Körper. Ihre Haut ist mit schwarzer Unterwäsche bemalt. Für einen richtigen BH und ein Höschen war kein Platz mehr unter dem Kleid.
„Ich glaube", faltet sie die Stirn um Hilfe, „es ist etwas bei Pjasters Job schiefgegangen."
„Ich wusste nicht, dass er einen Job hat."
„Soll ja auch nicht jeder wissen."

Es ist das letzte Mal, dass ich Violine einen Gefallen tue. Ich lasse Pjasters roten Ferrari aus der Garage röhren. Ich habe kein Auto. Violine hat einen neuen Auftritt: Sie trägt einen Tarnanzug mit grünen und braunen Blättern, geht breitbeinig, wiegt die Schultern.
„Gib Gas", spuckt sie.
Sie hat zwei schwarze Streifen auf den Wangen. Ihr Mund, ein dünner Draht, nach unten gebogen, gibt knappe Befehle: rechts, links, geradeaus. Wir erreichen ein allein stehendes Haus am Stadtrand. Seine Wände drohen mit der Farbe von Blaubeermilch. Violine steigt aus, schleicht geduckt an der Vordertür und den Fenstern vorbei. Ihr Tarnanzug nützt nichts. Erst hinten im Garten macht er sie unsichtbar.
Ich folge ihr. Der Garten dschungelt vor sich hin. Als Gärtner hat ihr Mann wahrscheinlich nicht gearbeitet. Auf der Terrasse liegt ein verletzter Stuhl auf der Seite. Ich richte ihn auf. Er taugt nicht mehr zum Sitzen, ein Bein ist gebrochen. Die Terrassentür öffnet sich zu einer finsteren Höhle. Schränke und Schubladen haben ihren Inhalt in das dunkle Wohnzimmer erbrochen. Violine ist schon mittendrin, zu ihren Füßen eine Leiche. Ein alter

Mann. Sein Schädel ist deformiert. Der Teppich hat das Blut getrunken.

Die Leiche passt nicht in den Ferrari.
„Setz ihn auf den Beifahrersitz", sagt Violine.
„Und wo willst du sitzen?"
„Ich fahre", sagt sie.
Sie befiehlt mir, hinter die Sitze zu klettern und den Kopf der Leiche so zu halten, dass der Mund geschlossen bleibt. Ein Kunststück selbst für einen Schlangenmenschen.
„Du willst wirklich mit mir Schluss machen?", fragt Violine durch den Rückspiegel.
„Ja, unbedingt", sagt mein gepresster Brustkorb. „Ich halte das nicht mehr aus."

Sie fährt den Wagen auf klebrigen Reifen bis in die Garage. Ich komme nicht mehr allein aus dem Ferrari. Violine zieht an meinen Beinen. Die Leiche darf sitzen bleiben. Violine zieht an meinem Arm. Vor der Garage biege ich mich wieder gerade.
„Wir müssen warten, bis es dunkel ist", sagt Violine.
„Und dann?", strecke ich meine Gliederschmerzen.
„Wir vergraben die Leiche im Schuppen. In deinem Schuppen."
„Nein, auf keinen Fall."
„Sei nicht so."
„Wenn dein Mann bei einem Einbruch eine Leiche hinterlässt, dann gehört die in euren Schuppen."
„Ich mach dir auch Marlene."
Für Marlene zieht sie ein langes schwarzes Samtkleid an. Dann tanzt und singt sie. Beim Refrain nimmt sie ein Messer, schlitzt sich das Kleid auf, nennt mich Professor und bindet meine Arme an den Bettpfosten fest.
„Nein", zögere ich.
„Dein letztes Wort?"
„Ja", sage ich. Eine Marlene finde ich überall.

Ich muss dringend schlafen, aber drei Siedlungshäuser weiter vorn steht ein Polizeiwagen. Die Leute sind neu eingezogen. Ich dribble mit einem Kieselstein den Fußweg entlang.
„Was ist denn los?", gähne ich über den Zaun.
Ein Polizist schickt mir seine Müdigkeit zurück. Das kann ich besser.
„Woher haben Sie die schicken roten Augen?", fragt der Neid.
„Nachtschicht", sage ich.
„Unter dem Schuppen haben sie eine Leiche ausgegraben", sagt der Polizist.
„Wer ist es?"
„Der Mann der Frau, die hier früher gewohnt hat."
Ein zweiter Polizist kommt aus dem Haus. Hinter ihm zucken Blitze aus dem blonden Haar der neuen Bewohnerin.
„Und wer macht die Grube wieder zu?", lässt sie den Donner grollen.
Die beiden Polizisten verbarrikadieren sich in ihrem Wagen. Die Frau springt ihnen bis zum Zaun nach, grummelt mich an: „Und was wollen Sie?" Ich rieche Kapernsoße und Fleischklopse.
„Königsberger Klopse?"
„So ähnlich." Ihr Nackenhaar legt sich. „Riecht man das?"
„Ich mach das schon, mit der Grube, heute Abend. Nachbarschaftshilfe", tropft es von meinen Lippen.

In der Dunkelheit quietsche ich mit der Schubkarre. Violine regelt den Verkehr bis in die Garage. Ihr Körper glitzert feucht und steckt in einem Fischernetz fest.
„Ich wusste, dass du es doch machst", stolzt sie.
„Ich sage nichts mehr", sage ich.
Violine neigt sich mir zu, macht mich nass im Gesicht. Die Leiche passt nicht in die Schubkarre. Ich muss die Knochen brechen. Violine schnappt nach Luft. Ich lege einen Sack, den Spaten und die Spitzhacke darüber. Violine folgt mir zum Gartentor, beißt mir in die Schulter. „Nun sei nicht so", klebt sie an mir. „Es kommt doch nicht darauf an, ob eine oder zwei Leichen unter deinem Schuppen liegen."

Ich schweige.

„Da staunst du, dass ich von deiner toten Frau weiß", tänzelt sie.

Ich setze die Schubkarre ab und drehe mich zu ihr. „Und mehr als zwei passen auch nicht darunter, deshalb ist bei euch ja kein Platz mehr."

Sie zappelt hilflos in ihrem Netz.

Ich lasse die Karre wieder quietschen.

„Wo willst du hin?", fragt Violine, als ich in Richtung Königsberger Klopse abbiege.

„Ich sage doch, es ist aus."

Das Gesetz des Dschungels

Herbert muss gleich kommen. Ich öffne das Fenster. Die Hitze hat darauf gewartet, wirft sich als feuchtes Handtuch übers Gesicht. Mir bleibt die Luft weg. Am Himmel brät der Vollmond in der Pfanne. Von drüben brüllt und schreit, bellt und kreischt es. Auf der anderen Straßenseite beginnt der Urwald.
Ich wohne im dritten Stock und habe einen guten Blick über die Mauer des Tierparks auf das Raubtiergelände.
Der grüne Jaguar schleicht brummend auf Gummitatzen die Straße entlang. Der rote Ballon hinter der Frontscheibe ist Herberts Gesicht. Herbert denkt immer an mich. Er parkt etwas entfernt und schaltet die Lichter aus.
Ich steige die Treppe runter und gehe zu ihm. Draußen riecht es nach Raubtier.
Herbert hat das Fenster runtergekurbelt. „Steig ein", sagt er. Von seiner Stirn tropft es.
Ich setze mich auf den Beifahrersitz, und er kurbelt seine Scheibe wieder hoch. „Große Sache", sagt er. „Das Ding muss einwandfrei funktionieren. Ist das klar?"
„Sicher. Hundertprozentig. Du kennst mich."
Er holt ein zerfetztes Papiertaschentuch hervor und zerkrümelt es auf seiner Stirn. „Ich hab ein bisschen viel Mist gebaut und muss mich bewähren." Er zieht sich am Lenkrad nach vorn. Der Schweißfilm zwischen ihm und der Rückenlehne reißt schmatzend. Das grüne Leder leckt sich die Lippen.
Herbert ist ein großes Tier bei den Tigern. Einbrüche, Diebstähle und Co. Wenn irgendwo in einem Museum ein berühmtes Gemälde geklaut wird, sind die Tiger im Geschäft. Gegen Herbert bin ich bloß eine kleine Ratte. Vogelfrei. Ab und zu wirft mir Herbert ein paar Brocken zu.

Der Wagen hat die Tageshitze gespeichert. Ich frage, ob ich das Fenster einen Spalt öffnen darf. Er macht es auf seiner Seite auf. Es bringt keine Erfrischung. Wir lauschen einen Augenblick den Geräuschen der Wildnis, dann holt Herbert einen Stapel Geldscheine aus der Jacke. Er fächelt sich damit Luft zu.
„Du hast nichts anderes zu tun, als morgen Abend einen Koffer zu transportieren. Von meinem Hausflur um die Straßenecke bis zu dem Gartencenter. Dafür kriegst du fünfhundert." Er zählt mir das Geld in die Hand. „Der Koffer wird etwa doppelt so groß sein wie ein normaler Reisekoffer. Wehe, du öffnest den."
„Schon klar." Ich will die Scheine einstecken.
„Warte, es kommt noch mehr. Du besorgst einen Fahrer mit Wagen, einen, der dich noch nicht kennt. Der holt den Koffer vom Gartencenter ab und fährt ihn zum Elefantenbrunnen. Dafür gibst du ihm fünfhundert." Er zählt mir weitere fünf Scheine in die Hände.
Ich nicke. „Geht klar." Ich will das Geld einstecken.
Er sagt: „Warte, es kommt noch mehr."
„Okay."
„Du besorgst einen zweiten Fahrer, den du nicht und der dich nicht kennt. Er holt den Koffer beim Elefantenbrunnen ab und bringt ihn zu einer Wohnung. Dafür kriegt er fünfhundert." Er zählt mir die weiteren Scheine ab.
„Und wo ist diese Wohnung?", frage ich.
„Will ich gar nicht wissen. Du besorgst jemanden, in dessen Wohnung wir den Koffer einen Tag lagern können. Dafür kriegt er diese Fünfhundert." Ich bekomme die weiteren Scheine in die Hand gezählt. Dann lässt er mich alles noch einmal wiederholen. „Verstehst du, es muss genau so laufen. Ganz normale Transporte. Keiner soll wissen, woher es kommt und was es ist. Mal angenommen, du wirst geschnappt, dann können sie dir nichts anhaben, du hast ja nur etwas transportiert. Von A nach B. Du weißt nichts. Klar?"
„Klar. Und wie ist das mit mir? Ich weiß doch alles." Ich betrachte den Schweißfleck auf meinem Hemd. Er wächst. Jetzt

weiß ich, woran er mich erinnert. Ein Hund auf dem Rücken streckt die Beine nach oben.

„Ja gut, ich hätte einen Unbekannten engagieren müssen. Aber ich denke, auf dich kann ich mich verlassen."

„Absolut."

Ich frage nach einer Klimaanlage in seinem Jaguar. Er schüttelt den Kopf. Die Schweißtropfen fliegen. „Das ist ein historisches Fahrzeug, da ist jedes Teil noch original. Damals gab es so etwas noch nicht." Er öffnet das Fenster auf seiner Seite noch ein Stück weiter. Aber die Luft ist dick wie Käse. Ich könnte sie in Scheiben schneiden. Ich sehe mich um, ob draußen jemand auf der Straße ist, dann öffne ich auch mein Fenster. Kein Durchzug. Im Dschungel hinter der Mauer ist immer noch Aufruhr. Diese Nacht ist ohne Schlaf.

„Aber eins verstehe ich nicht. Wenn die sich alle nicht kennen, wie erkennen die sich denn bei der Übergabe des Koffers?", frage ich.

„Wir brauchen ein Codewort." Er wischt sich mit dem Handrücken die Stirn.

„Wie wärs mit *Die Löwen brüllen*?", schlage ich vor.

Er schüttelt den Kopf. „Nein, keins, das aus Versehen gesagt werden kann, verstehst du, es darf nicht in einer normalen Unterhaltung vorkommen."

„*Die Löwen brüllen* kommt in keiner normalen Unterhaltung vor."

„Sag das nicht."

Aus dem Tierpark kommt ein Bellen, dann röhrt ein Bär oder so etwas Ähnliches mit Fell.

Herbert grinst. „Pass auf, wir nehmen das Codewort *Kojote*."

„Aber so wurdest du früher immer genannt."

„Stimmt. Früher. Als ich noch keine Dusche hatte."

Ich stoße die Tür auf und ziehe mich aus dem Wagen.

„Eins noch", sagt Herbert, ein Schweißtropfen fliegt ihm von der Lippe. „Die werden alles genau beobachten. Die lassen den Koffer nicht aus den Augen. Also mach keinen Scheiß!"

Ich liege nackt auf meinem Bett. Der Telefonhörer ist mir wie ein Stück Seife zweimal aus der Hand gerutscht. „Berni", sage ich, „du kannst nicht schlafen, ich kann nicht schlafen, da können wir uns ebenso gut treffen." Wenn ich einen Job habe und jemanden brauche, denke ich zuerst an Berni.

„Ich klebe hier an einer Frau fest", sagt er, „aber du hast recht, heute Nacht geht sowieso nix."

Keine zwanzig Minuten später ist er da. Er trägt kurze Kaki-Hosen und ein weißes Netzhemd ohne Ärmel. Die dunkle Brustbehaarung hinter dem Baumwollgitter will ausbrechen. Ein paar Haare strecken sich durch das Gitter.

„Was ist denn da drüben los?", fragt er und zeigt auf den Zoo. Die Luft aus seinem Körper kommt aus einem Brunnen mit verwesendem Fleisch.

„Die Raubtiere brüllen sich in den Schlaf." Ich wedle mit der Hand vor dem Gesicht. „Du stinkst wie eins von denen."

Ich gebe ihm ein Bier aus dem Eisfach. Er rollt sich die Flasche über die Stirn. Dann erkläre ich ihm seinen Transport. Vom Gartencenter zum Elefantenbrunnen. „Am Brunnen wartest du, bis dir jemand das Codewort sagt, dem gibst du den Koffer." Ich zähle ihm die fünf Hunderter auf die Hand. Er hebt das Netzhemd und klebt sich die Scheine auf den nackten Bauch. „Hübsches Kleid", sagt er. „Ein bisschen kurz ist es. Erzähl mir alles."

Ich schüttle den Kopf.

„Vertraust du mir nicht?"

„Es ist zu deiner eigenen Sicherheit. Wenn du nichts weißt, kann dir auch keiner was nachweisen."

„Wir sitzen doch beide in einem Boot, du steuerst, ich rudere. Aber mal angenommen, du wirst von einer Kobra gebissen und bist tot. Dann muss ich das Ziel kennen."

„In dieser Stadt gibts keine Giftschlangen."

„Sag das nicht."

Er trinkt das Bier in einem Zug. Ich erkläre ihm den ganzen Transportweg. Aus dem Faulschlamm seines Magens löst sich eine Gasblase und explodiert in seiner Mundhöhle. Dann zieht

er die Hunderter wieder vom Bauch ab, hängt die nassen Lappen zum Trocknen über die Sofalehne.
„Wir machen es so", sagt er. „Du transportierst den Koffer zum Gartencenter. Ich fahre ihn zum Elefantenbrunnen. Dort fährst du vor, und wir schieben den Koffer in dein Auto. Du fährst damit bis hierher. Und ich nehme ihn unten vorm Haus wieder in Empfang und bringe ihn in die Wohnung. Das heißt, jeder kriegt zweimal fünfhundert."
„Aber die beobachten uns."
„Es ist dunkel. Beim ersten Mal trägst du ein rotes Hemd, beim zweiten Mal ein grünes und eine Brille. Ich wechsle für das zweite Mal die Jacke und trage eine Mütze."
Wir kühlen unsere Haut mit weiteren Bierflaschen bis zum Sonnenaufgang. Der Dschungel der Nacht wird zur Parklandschaft. Die Tiere im Zoo stellen sich in einer Reihe auf. Alles ruhig. Nur die Vögel pfeifen in einer Lautstärke, die für Autos verboten wäre.

Ich habe mein Haar mit einem Gummiband zurückgebunden und trage ein neues rotes T-Shirt. Meinen Wagen parke ich zwei Straßen entfernt. Ich bin zu früh. Ich betrete das Haus, in dem Herbert wohnt.
Der Koffer steht schon auf dem unteren Treppenabsatz. Eine Antiquität aus dunklem Holz, mit hellen Leisten verstärkt, fast ein kleiner Schrank mit Griff. Ich hebe ihn an. Da müssen Goldbarren drin sein. Ich klappe das Gestell meines Kofferkulis mit den beiden Rädern aus und hebele den Koffer darauf. Dann warte ich auf Herbert.
Jemand hüpft das Treppenhaus herunter. Ich setze mich auf den Koffer und drehe mein Gesicht in den Schatten. Ein junges Mädchen springt vorbei. „Guten Abend", sage ich zu der Gazelle. Sie antwortet nicht. Aber ich weiß natürlich Bescheid. Eine von den Tigern.
Herbert kommt nicht. Er will nicht mit mir zusammen gesehen werden. Ist ja klar. Ich rolle den Koffer nach draußen. Die Räder spreizen sich, quietschen, als wäre ein Tier eingeklemmt.

Kaum stehe ich vor dem Gartencenter, kommt Berni mit seinem Bully. Er fährt den Motor auf Hochtouren.
„Das Gaspedal klemmt", erklärt er. Wir wuchten den Koffer hinein. Er fährt langsam los. Vom Kofferkuli löst sich ein Rad. Ich sammle es auf und gehe bis zur Straßenecke. Kaum bin ich außer Sichtweite, beginne ich zu laufen. Die feuchte Hitze bremst mich aus. Es ist, als würde ich schwimmen. Im Auto löse ich mein Haar und versuche das nasse T-Shirt zu wechseln. Aber ich kriege es nicht über den Kopf gezogen. Es klebt so fest auf dem Rücken, als wäre es mittels Sekundenkleber mit meiner Haut eine feste Verbindung eingegangen. Schließlich schlitze ich es mit dem Taschenmesser auf der Brust und an den Ärmeln auf und ziehe es mir von der Haut. Ich reibe meinen Rücken am Polster trocken. Mit grünem Hemd und Brille zur Tarnung erreiche ich den Elefantenbrunnen.
„Wo warst du so lange?", zischt Berni. „Hier ist Parkverbot. Und die Nacht hat viele Augen."
Ich hänge meine Hände zur Kühlung in den Brunnen.
„Vorsicht, Krokodile", sagt er.
Dann holen wir den Koffer aus dem Bully und schieben ihn bei mir auf den Rücksitz. Ich fahre langsam los, nehme einen Umweg. Als ich bei mir ankomme, steht Berni vorm Haus. Gegenüber im Dschungel herrscht Stille. Es sieht aus, als ob sich auf der Mauer ein schwarzer Panther duckt.
„Du musst mit raufkommen", sagt Berni. „Ich krieg das Ding allein nicht die Treppen hoch."
Zu zweit ist der Koffer kein Problem. Als ich wieder runterkomme, schreit drüben ein kleines Tier, als stecke es im Maul eines größeren. Der Panther ist weg.
Ich parke das Auto zwei Straßen entfernt. Über die Höfe und Gärten schleiche ich zurück zum Hintereingang des Hauses.
Berni kühlt sich mit Bier.
„Hast du jemanden gesehen?", frage ich.
„Wenn die Jäger uns beobachtet haben, dann waren sie weit weg. Zu weit, um zu erkennen, was wir für Vögel sind."
„Woher wissen die dann, welche Wohnung es ist?"

„Weil in deiner Höhle das Licht anging, nachdem wir den Koffer reingetragen haben."
Wir sitzen zusammen auf dem Sofa und starren den Koffer an.
„Ich glaube nicht, dass der abgeschlossen ist", sagt Berni nach einer Weile.
„Denk nicht mal dran. Das Ding bleibt zu."
Bei Sonnenaufgang geht Berni in mein Bett. Ich kann nicht schlafen, außerdem soll der Koffer ziemlich früh abgeholt werde. Nach zwei Stunden klingelt sein Handy. Er kommt nackt und brummend aus dem Schlafzimmer, behaart wie ein Bär.
„Ich muss zu meiner Exfrau", sagt er. „Die Kinder wollen heute in den Zoo. Ich habe es versprochen."
Ich nicke. „Ich gehe nur kurz unter die Dusche. Bleib noch so lange, falls der Koffer dann gerade abgeholt werden sollte."

Als ich aus dem Bad komme, hat Berni den Koffer geöffnet. Durch die blutige Plastikfolie ist das Gesicht Herberts gut zu erkennen. Er ist nackt, und ein Seil schlingt sich zwischen seinen Beinen hindurch um seinen Körper.
„Kennst du den Spruch?", fragt Berni. „Es ist verboten, toten Kojoten die Hoden zu verknoten."
Ich nicke. „Herbert sagte, dass er ein paar Fehler gemacht hat."
In einer Falte der Plastikfolie steckt Herberts Autoschlüssel. Ich ziehe ihn ein Stück hervor. „Das ist der von seinem Jaguar", sage ich.
Ich brauche frische Luft, gehe zum Fenster und öffne es. Wir lehnen uns beide auf die Fensterbank und sehen hinaus. Drüben im Urwald gibts Frühstück. Die Elefanten trompeten durcheinander. Sie müssen noch betrunken sein.
„Was machen wir?", frage ich.
„Wie wäre es, wenn wir ihn heute Abend über die Mauer werfen, da ist doch gleich das Raubtiergelände", sagt Berni.
Er geht zurück zum Koffer, greift sich Herberts Autoschlüssel und hält ihn mir hin. Ich schüttle den Kopf. „Kannst du haben. Der Jaguar hat keine Klimaanlage."

Sauber bleiben

Mittwochs Fensterputzen. Aber von der Straße aus gesehen sind meine Scheiben doch nicht so blank geworden wie die anderen.
In der Hauptstraße werden die Fußwege gebohnert und die Häuser gewaschen.
Alles glänzt. Der Himmel ist frisch gestrichen.
Die Menschen tragen weiße Kleidung, das ist jetzt Vorschrift.
Aus der Tür meiner Lieblingskneipe quillt Seifenschaum.
„He, halt!", brüllt der Wirt.
Ich bleibe stehen, folge mit dem Blick der Richtung seines ausgestreckten Arms. Meine Schuhe. Sie hinterlassen klebrige Abdrücke auf dem feuchten Fußboden. Der Wirt wirft mir einen Lappen zu, und ich verwische meine Spuren, putze meine Schuhe ab. Der Wirt ist nicht zufrieden, sein Blick ist Verachtung.
Blitz sitzt am Tresen. Er heißt so, weil die blonden Haarsträhnen im Zickzack von seinem Kopf abstehen. Er betreibt eine chemische Reinigung. „Du siehst fertig aus", stellt er fest.
„Ja, ich schaffe es nicht, meine Wohnung sauber zu halten. Kaum bin ich fertig, kann ich schon wieder von vorn anfangen." Ich ziehe mich auf einen Barhocker hinauf. In einer Ecke sitzt ein letzter Raucher unter einer Glaskuppel.
„Du brauchst eine Putzfrau", sagt Blitz.
Der Wirt grinst. Freie Putzfrauen gibt es schon lange nicht mehr. Er beugt sich über den Tresen und schnüffelt in meine Richtung. Dann stellt er den Luftreiniger auf eine höhere Stufe.
„Ein Bier, bitte", sage ich.
Zögernd nimmt der Wirt ein Glas. Er schnippt mit dem Fingernagel dagegen. „Muss ich dann wieder abwaschen und polieren." Er stellt es trotzdem unter den Zapfhahn.

Blitz neigt sich mir zu. „Ich hätte vielleicht eine Putzfrau für dich", flüstert er.
„Ehrlich? Was muss ich tun?"
Der Wirt klopft auf das blank gescheuerte Messing des Tresens. „Hier wird nicht geflüstert. Keine dreckigen Witze, keine schmutzigen Gedanken! Ist das klar?"
Wir nicken. Ich kriege mein Bier. Wir wagen nicht mit den Gläsern anzustoßen, heben sie nur hoch, nicken uns zu. „Sauber bleiben." Das ist der offizielle Trinkspruch.
An der Außenseite unserer Gläser laufen eilig Tropfen herab. Mit einem Lappen, den uns der Wirt dafür gegeben hat, fangen wir sie auf.
Im Radio kommt eine Durchsage der Stadtreinigung. Namen und Adressen. Mein Name ist dabei. Mir rutscht das Glas aus der Hand.

Ich komme zu spät. Der Wirt bestand darauf, dass ich das Bier aufwische, mein Glas abwasche und poliere. Zum Glück war es heil geblieben. Vier Männer in leuchtend orangefarbenen Uniformen sind schon in meiner Wohnung. Sie gucken unter das Bett, fahren mit dem Finger an der Oberkante der Türen entlang, klopfen Staubwolken aus den Sesselpolstern, holen kleine dunkle Teile aus den Fußbodenritzen, nehmen Proben für Laboruntersuchungen. Die Bedenken lassen ihre Köpfe schwanken. Plötzlich entdecken sie meine im Schritt nasse Hose.
„Bier", erkläre ich mit ausgebreiteten Händen und hochgezogenen Schultern.
Ekel treibt ihnen die Magensäfte in den Mund. Sie zücken die roten Kontrolllisten für Kleidung und Körper. Am Ende ihrer Untersuchung zahle ich Bußgelder und bekomme einen Termin zur Nachkontrolle.
Kaum sind sie gegangen, steht Blitz in der Tür. Er presst einen Finger gegen die Lippen, dann winkt er jemandem, der auf dem oberen Treppenabsatz wartet. Es ist ein junges Mädchen in einem dieser modernen weißen Overalls, dessen Ärmel als Putz-

lappen enden. „Sie kommt aus dem Regenwald", sagt Blitz. „Da gibts ja keine Arbeit."
Sie beginnt sofort zu putzen. Wir sitzen auf dem Sofa, sehen ihr zu und bewundern ihre Beweglichkeit.
„Kann ich mir die leisten?"
„Taschengeld, Unterkunft und Verpflegung."
„Die wohnt bei mir?"
„Ab sofort."
Als Blitz gegangen ist, zieht mich das Mädchen aus, stopft meine Kleidung in die Waschmaschine und lässt Wasser in die Badewanne. Dann schrubbt sie mich, schneidet meine Haare ab, rasiert meinen Körper vom Kopf bis zu den Füßen. Schließlich bringt sie mich ins Bett. Sie kommt mit einem Saft, in den sie ein weißes Pulver schüttet.
„Trinken für sauber innen." Die Worte gleiten ihr von der glatten Zunge. Ich hebe die Bettdecke für sie an, aber sie will nicht mit hinein.
„Sauber bleiben", sagt sie. „Noch Arbeit."
Ich bin müde von ihrer Behandlung. Tage später wache ich wieder auf. Die Wohnung ist leer. Kein Mädchen mehr, kein Fernseher, kein Computer. Kein einziges Möbelstück. Selbst das Bett hat sie unter mir abgebaut. Ich liege nur noch auf der Matratze.

Ich schnuppere an meinen Achselhöhlen, dann betrete ich die Kneipe. Ein künstlicher Sonnenstrahl quer durch den Raum zeigt die Staubdichte der Luft an. Praktisch Null. Der Wirt hat den Schädel rasiert. Er grinst, poliert mit dem Ärmel die Bierfilze. Auch Blitz hat eine Schädelrasur hinter sich. Ich streiche mir selbst über den blanken Kopf.
„Mal ehrlich, Haare sind doch bloß Staubfänger", sagt der Wirt.
Ich kriege ein Bier ohne Schaum. „Schaum ist doch ekelhaft", beantwortet der Wirt meinen Blick.
In der Ecke sitzt der letzte Raucher unter einer Glasglocke, aber er raucht nicht mehr. Der Wirt zieht die Mundwinkel herab,

öffnet seine Hand in Richtung des Rauchers. „Der dunstet nur noch aus."
„Das Mädchen ist weg", sage ich zu Blitz.
Er nickt. „Ich weiß. Die ist auch nichts für immer."
„Sie hat aber alle meine Möbel und Wertsachen mitgenommen."
„Ich weiß", sagt Blitz.
„Musst du so sehen", sagt der Wirt. „Die haben da ja auch nichts im Regenwald. Wir tun ein gutes Werk."
Draußen marschiert ein Trupp in orangefarbenen Uniformen vorbei. Schichtwechsel.
„Hat auch Vorteile", sagt Blitz.
Ich nicke. Der Gedanke an meine leere Wohnung gefällt mir. Leicht sauber zu halten.

Beckenbauer zertritt kleine Tiere

„Beckenbauer zertritt vor jedem wichtigen Spiel ein kleines Tier", sagt Beckenbauer. Er sucht das Pflaster der Einkaufspassage nach etwas Passendem ab. Ballack folgt ihm. Ballack sieht nicht aus wie Michael Ballack, aber er wollte unbedingt so heißen. Er hat schwarzes Haar, aber es klebt dünn an seinem Kopf, als wäre es auf die Kopfhaut gemalt.
„Nicht mal eine Assel findet man hier", sagt Beckenbauer.
„Wie wäre es damit?" Ich zeige auf eine Tierhandlung.
Beckenbauer grinst. „Ich sag es ja: Netzer mit einem Pass aus dem Rückraum."
Ich habe keine Ähnlichkeit mit Günter Netzer, weder mit dem jungen noch mit dem alten Netzer. Ich habe überhaupt keine Haare mehr. Aber Beckenbauer sagt, Netzer trage eine Perücke. So eine Frisur könne nur eine Perücke sein.
„Wir haben kein Geld, um Tiere zu kaufen", sagt Ballack, als Beckenbauer die Schaufenster der Tierhandlung nach etwas absucht, das er zertreten kann.

Ich will am Eingang stehen bleiben. Aber Beckenbauer sagt, es sei kein Überfall. Ballack geht zu den Fischen, klopft mit dem Finger gegen die Aquarien. Er will, dass die Fische ihn ansehen. Ich glaube, es ist nicht gut, von Fischen angesehen zu werden.
Ein Verkäufer im weißen Kittel nähert sich uns.
„Wir brauchen kleine Tiere", sagt Beckenbauer.
„Fische?", fragt der Verkäufer. Ich denke, Fische wären prima, aber Beckenbauer schüttelt den Kopf. „Was haben Sie noch?"
„Hamster."
„Zu groß."
„Mäuse?" Der Verkäufer führt uns zu einem Käfig mit weißen Mäusen. „Mäuse bringen Glück", sagt er.

Beckenbauer zählt stumm vier Finger ab. „Drei", sagt er, „drei genügen."
Der Verkäufer packt die Mäuse in einen Plastikkarton mit Löchern. Beckenbauer sucht in seinem Jackett, dann sagt er: „Ich habe mein Geld im Auto gelassen."
„Welches Auto?", fragt Ballack.
Wir gehen. Der Karton bleibt auf dem Tresen zurück. Ballack muss wieder rein und ihn klauen.

Beckenbauer will ein schnelles Auto. Ich kann nur Opel knacken, und nur die alten. Die neuen haben Wegfahrsperren und Alarmanlagen. Beckenbauer stößt die Luft aus. „Opel", sagt er. „Was ist das denn?" Er hebt den Karton mit den Mäusen an ein Ohr und lauscht.
Ballack sagt, er kenne jemanden, bei dem wir einen Ford leihen könnten. Vielleicht.
„Psst!", sagt Beckenbauer. Er klopft gegen den Karton. Dann lächelt er. „Die Mäuse sagen, wir sollen ins Parkhaus gehen."
Ich weiß, was er vorhat. „Ziemliches Risiko", sage ich. „Und das schon, bevor es losgeht."
„Netzer", befiehlt Beckenbauer, „sichert nach hinten ab."
Die beiden steigen in den Fahrstuhl des Parkhauses. Ballack grinst, er zielt mit dem Finger auf mich.

Ich warte vor der Schranke der Ausfahrt, bis sie kommen. Sie sitzen mit roten Gesichtern in einem silbergrauen Mercedes. Nur der Besitzer hinter dem Steuer ist blass.
Wir nennen das Verfahren „Kreisverkehr": Ich öffne die Fahrertür und die hintere Tür, packe den Fahrer, ziehe ihn raus, stoße ihn hinten wieder rein und setze mich neben ihn. Währenddessen ist Ballack vom Beifahrersitz auf den Fahrersitz geklettert und Beckenbauer von hinten nach vorn gestiegen. Alles muss schnell gehen, damit der Besitzer nicht auf den Gedanken kommt, zu schreien.
Der Mann schwitzt, rutscht ein bisschen von mir weg. Ballack drückt auf die Kindersicherung, damit er nicht abhauen kann.

Beckenbauer dreht sich um und richtet über die Rückenlehne seine Pistole auf ihn. Wir fahren aus der Stadt und suchen ein abgelegenes Waldstück. Beckenbauer erzählt: „Wenn du die alten Filme von der Weltmeisterschaft siehst, kannst du es genau beobachten. Beckenbauer war damals Trainer der Nationalmannschaft."
„Er war bloß Teamchef", sage ich. „Er hatte keine Lizenz."
„Scheiß drauf. Du kannst sehen, wie er aufsteht, er trampelt auf irgendetwas herum. Käfer, sage ich mal. Und dann fällt das Tor."
Er reicht mir den Karton. „Nimm mal die Mäuse."
Ich öffne ein wenig den Deckel. Es sind nur noch zwei.
Beckenbauer grinst mich an. „Es funktioniert: Wir haben einen Wagen."

Wir fahren einen Feldweg entlang bis zum Wald. Der Weg ist durch einen Baumstamm versperrt. Wir steigen alle aus. Ballack nimmt dem Fahrer das Handy weg und tritt darauf. Der Fahrer zittert. Wir lassen ihn stehen und fahren zurück.
Als wir wieder auf der Bundesstraße sind, fängt Ballack an zu singen. So ein Tag, so wunderschön wie heute. Beckenbauer erklärt mir, dass man dem Gegner in die Augen schauen müsse, dann würde er ganz klein, so klein wie ein kleines Tier.
Ballack verstummt plötzlich. „Kein Benzin", sagt er. „Wir sitzen gleich auf dem Trockenen."
„Da vorn kommt eine Tankstelle."
„Wir haben kein Geld", sagt Ballack.
„Sag bloß, du hast dem Fahrer seine Brieftasche nicht abgenommen."
Ballack antwortet nicht, zieht den Kopf ein.
Beckenbauer schlägt ihm in den Nacken. „Idiot, fahr rechts ran."
Beckenbauer steigt aus und sieht zur Tankstelle hinüber. „Wir tanken, ohne zu bezahlen", sagt er. „Gib mir den Karton mit den Mäusen."

„Warum hast du nicht vollgetankt?", frage ich.
Wir parken auf der anderen Straßenseite und beobachten das Gelände des Gebrauchtwagenhändlers. Durch die dunkle Scheibe seines Wohnwagens können wir nicht erkennen, ob er da ist.
„Warum hast du nicht vollgetankt?", wiederhole ich.
Im Rückspiegel sehe ich, wie Ballacks Augen schmaler werden und sich seine Mundwinkel senken. Er signalisiert Überlegenheit.
„Was ist?", frage ich und boxe gegen seine Rückenlehne.
„Vor dem Spiel schlägt man sich nicht den Magen voll", sagt Beckenbauer.
„Es geht um die entscheidenden Sekunden, die du schneller bist", sagt Ballack. „Mit halb vollem Tank bist du einfach schneller."
Und Beckenbauer sagt: „Das Spiel dauert immer neunzig Minuten."
Ich stöhne. „Und vor dem Spiel ist immer nach dem Spiel." Ich lasse mich tief in die Polster sinken und schließe die Augen.
„Achtung."
Ich komme wieder hoch. Ein Wagen fährt auf das Gelände. Die Tür des Wohnwagens öffnet sich. Der Gebrauchtwagenhändler kommt heraus. Er sieht aus wie Ballacks Bruder. Aber ich weiß nicht, ob Ballack einen Bruder hat.
„Und der Händler bewahrt sein Geld wirklich bei seiner Mutter auf?", frage ich und winke mit beiden Händen ab. Ich will die Antwort gar nicht hören.
Aber Beckenbauer leckt sich die Lippen. „Du musst die Spiele des Gegners analysieren, dann kennst du seine Grenzen."

Die Mutter des Händlers wohnt in einem Einfamilienhaus. Wir parken ein Stück entfernt. Beckenbauer steigt mit dem Mäusekasten aus. „Es ist die letzte", sagt Beckenbauer.
Ich schließe die Augen und halte mir die Ohren zu, bis es vorbei ist.
„Los", sagt Beckenbauer. Er rüttelt mich. Am Kantstein schabt er die Mäusereste von der Fußsohle. Kurz vor der Einfahrt zu

dem Haus schiebt Ballack ein Hosenbein hoch und streckt Beckenbauer das Schienbein hin. „Schlag zu", sagt er.
Beckenbauer haut ihm auf die Nase. Ballack jault. Die Nase blutet. „Du solltest auf das Bein schlagen", jammert Ballack. Das Blut läuft ihm in den Mund.
Beckenbauer hat den Hebel vom Wagenheber in der Hand und schlägt ihm auch noch gegen das Bein.
Ballack schreit, krümmt sich. Fluchend humpelt er auf das Haus zu. Er klingelt, taumelt und fällt zu Boden. Wir folgen ihm. Eine alte Frau in einem dunklen Trainingsanzug öffnet.
„Horst?" Sie beugt sich zu Ballack herab. „Was ist mit dir?"
„Er ist gestürzt", sagt Beckenbauer, und: „Er wollte unbedingt hierher. Zu Ihnen. Wir wissen nicht, warum."
„Das ist mein Sohn Horst." Sie tupft mit einem Papiertaschentuch das Blut von seinem Gesicht. „Wie ist das passiert?"
Ballack stöhnt. „Das Bein. Mein Bein."
„Ich hole einen Verband."
Als sie im Haus verschwindet, versucht Ballack sich aufzurichten. Es geht nicht.
„Scheiße, du hast mir das Bein gebrochen."
„Blödsinn", sagt Beckenbauer. „Ich gehe jetzt zur Hintertür."
Er hat die Hebelstange vom Wagenheber im Ärmel.
Ich helfe Ballack, sich mit dem Oberkörper gegen die Hausmauer zu lehnen.
„Der Idiot hat mir das Bein gebrochen", wiederholt er. „Das war nicht verabredet. Verdammter Mist. Was mache ich jetzt?"
Die Frau kommt wieder und hat einen kleinen Verbandskoffer dabei. Ich stelle mich so, dass die Frau Beckenbauer nicht sehen kann. Er kommt hinter dem Haus hervor, hat die Kassette unter dem Arm und schleicht sich zum Auto zurück.
Ballack jammert. Das Bein sieht nicht gut aus. Er schreit bei jeder Bewegung. Er kann wirklich nicht mehr aufstehen.
„Ich hole mal mein Handy aus dem Auto", sage ich.
„Ich hab schon telefoniert", sagt die Frau.
„Trotzdem", sage ich und gehe.

Beckenbauer sitzt hinterm Steuer, wartet auf mich. Er klappt die Kassette auf, damit ich einen Blick auf die Geldbündel werfen kann.
„Du hast ihm wirklich das Bein gebrochen", sage ich.
„Der kommt schon zurecht. Wir holen ihn später." Er startet den Motor.
Ich schiebe die Kassette unter den Sitz. „Warum habt ihr mir nicht gesagt, dass es sein Bruder und seine Mutter sind?"
„Hättest du dann mitgemacht?"
Ein Krankenwagen hält vor uns. Beckenbauer will rückwärts fahren. Ein Polizeiwagen hält hinter uns.
„Scheiße", sagt Beckenbauer, „keine Mäuse mehr."
Ein Polizist steigt aus. Er ist klein und ziemlich dick. Schwarze Locken fallen ihm in die Stirn. Er setzt sich seine Mütze auf und kommt auf uns zu.
„Maradona!", sagt Beckenbauer. „Es ist Maradona!"
Er sinkt in seinem Sitz zusammen. Der Polizist sieht tatsächlich aus wie der junge Maradona. Damals bei der Weltmeisterschaft 1986. Das Endspiel gegen Argentinien haben wir zwei zu drei verloren.
„Diego Armando Maradona", flüstert Beckenbauer, „die Hand Gottes."
Wir haben verloren.

Erpressung

Der Fahrschein schält sich aus dem Automaten. Ich stecke ihn in die Jackentasche und warte auf die Fliehkräfte. Mit dem Anfahren des Busses laufe ich nach hinten. Der Bus schwenkt aus der Haltebucht. Mit dem Druck dieser leichten Linkskurve schwinge ich mich in eine der hintersten Sitzbänke. Drei Fahrgäste stehen am Ausgang. Ihre Bäuche bewegen sich synchron gegen die Schwankungen des Busses.
Kaum bin ich bis ans Fenster gerutscht, setzt sich einer neben mich, obwohl gegenüber noch eine ganze Bank frei ist.
„Kein Laut", sagt er, „oder ich steche zu."
Ich drehe meinen Kopf. Er hat die Arme verschränkt, und aus seinem Mantelärmel guckt eine Messerspitze. Er lässt kurz die Länge der Klinge sehen bis zu einem dunklen Holzgriff mit Kerben. Ein Klappmesser. Wahrscheinlich schon in der dritten Generation in seiner Familie.
„Diese Länge ist bei Klappmessern jetzt verboten", gebe ich mein Wissen über das Waffengesetz preis.
„Schnauze", sagt er. „Und keine falsche Bewegung."
Trotzdem drehe ich mich etwas, um ihn besser sehen zu können. Er ist größer als ich. Etwa ein Meter achtzig, werde ich der Polizei sagen, wenn ich mit der tiefen Stichwunde noch dazu in der Lage bin. Mitte dreißig. Blaue Augen, stechend natürlich. Dunkles Haar mit einer blonden Strähne, die ihm ins Gesicht fiel, werde ich fortfahren. Sehr schmale Nase. Zwei silberne Ohrringe. Ein Kurzmantel, die Ärmel zu lang und an den Kanten abgeschabt. Fischgrätenmuster. Darunter eine Jeans. Das Messer könnte ein Anglermesser gewesen sein, werde ich meine Aussage präzisieren. Ein Erbstück. Auf dem Mantel ein Fleck. Noch feucht. Milchkaffee. Ich bin am Pferdemarkt eingestiegen, also fragen Sie mal in den dortigen Cafés nach einem

Gast mit dieser Beschreibung. Vielleicht kennt man ihn dort. Ach, halt, da war auch noch ein Krümel. Blätterteig. Ein Croissant. Er muss ein Croissant gegessen haben. Das Blut wird aus meinem Bauch sprudeln, ich werde sterben, aber ich mache meine Aussage. Ich will ein guter Zeuge sein. Ich sehe das Begräbnis vor mir. Die Polizei steht am Grab Spalier. Mir zu Ehren wird Salut geschossen. Einundzwanzig Schuss, und auf meinem Grabstein steht: Er war der beste Zeuge.
Die Messerspitze bewegt sich auf mich zu. „Kein Laut", sagt er, „Sie sind meine Geisel."
„Was wollen Sie?"
„Eine Million."
„Oh, so viel?"
„Und keine Polizei. Damit das klar ist." Er grinst, aber es liegt keine Freundlichkeit darin. Zu viele Zähne. „Und wenn Ihr Handy klingelt, gehen Sie ja nicht ran!"
Am Abend zuvor muss er etwas mit Knoblauch gegessen haben. Vielleicht ein wichtiger Hinweis. Ich versuche, Speisereste zwischen seinen Zähnen zu entdecken. Ich identifiziere nur einen beginnenden Herpes an der Lippe.
„Gut", sage ich. „Keine Polizei. Aber über den Rest müssen wir verhandeln."
„Okay", sagt er. „Dann eine halbe Million, aber in kleinen gebrauchten Scheinen. Und dann noch ein vollgetanktes Fluchtfahrzeug."
„So viel Geld hab ich nicht. Und ein Auto habe ich auch nicht. Sie haben sich den Falschen ausgesucht."
„Okay", sagt er, „Sie sind ein armes Schwein, ich reduziere meine Forderung. Ich verzichte auf das Fluchtfahrzeug und auf das Bargeld. Dafür verlange ich Ihr Wertpapier."
„Wertpapiere? Habe ich nicht. Wie kommen Sie auf so was? Sie müssen mich verwechseln."
„Ihren Fahrschein, verdammt! Und zwar schnell!" Seine Messerspitze durchdringt meine Jacke, mein T-Shirt und kann jeden Moment meine Haut ritzen. Erst jetzt bemerke ich, dass mit mir zwei Kontrolleure eingestiegen sind. Einer ist vorn geblieben bei

einer älteren Frau. Die Verzweiflung hat ihr den Kopf gerötet. Sie wühlt in ihren Taschen. Der Zweite hat sich langsam zu uns vorgearbeitet.

Ich greife in meine Jackentasche.

„Keine falsche Bewegung", knurrt der Erpresser.

„Der Fahrschein", erkläre ich, „ist in der Tasche. Ich muss da reingreifen." Ich hebe die Schultern. „Sie wollen ihn doch haben?"

„Okay", sagt er, „aber schön langsam."

Vorsichtig hole ich den Fahrschein heraus, halte ihn zwischen Zeige- und Mittelfinger. Er reißt ihn mir aus der Hand. Keine Sekunde zu spät, der Kontrolleur steht vor uns, lächelt.

„Ihre Fahrscheine, bitte."

„Aber gern", sagt der Erpresser.

Der Kontrolleur betrachtet den Schein, dann sagt er: „Der ist von gestern."

„Oh", sage ich, „das tut mir leid." In der Taille spüre ich die Messerspitze. Weiter zum Fenster kann ich nicht ausweichen. Ich greife in die andere Jackentasche.

„Hier ist der richtige Schein", sage ich.

„Genau, das ist meiner", sagt der Erpresser.

Der Kontrolleur nimmt ihn, nickt, gibt ihn mir zurück. „Und wo ist nun Ihr gültiger Fahrschein?", fragt er den Erpresser.

„Das war eben mein Schein. Der Kerl hat ihn mir gestohlen."

„Entschuldigung", sage ich. „Darf ich mal durch? Schützenstraße. Ich muss hier aussteigen."

Zwei weitere Passagiere stehen mit mir an der Ausgangstür. Wir halten uns mit einer Hand fest und bewegen unsere Körper mit den Fliehkräften. Busballett.

Kein Platz

Ich bin froh, dass ich nicht so bin wie Korn.
„Suppe", hat Korn gesagt, „ich ziehe in deine Wohnung und du in meine."
Suppe, das bin ich. Ich heiße so, weil ich schon immer lang und dünn war. Dünn wie der Suppenkaspar. Aber Kaspar passte nicht zu mir, blieb nur die Suppe übrig.
Ich sehe Korn schon von Weitem. Er wird immer dicker. Er steht an der Haustür, trägt seine Latzhose mit einem breiten Gürtel überm Bauch. Wenn es warm ist, holt er sich manchmal auch einen Stuhl heraus und isst Kartoffelbrei. Seine Wohnung im Erdgeschoss ist dunkel und hat keinen Balkon. Seit bald einem halben Jahr wohne ich hier unterm Dach. Ich habe eine kleine Terrasse.
„Suppe, wir tauschen", hat Korn gesagt. „Du brauchst nicht so viel Platz."
Die anderen Mieter behaupten, Korn sei so etwas wie ein Hausmeister. Aber auf einer Tafel unten im Hausflur steht ein anderer Name. Korn ist kein Hausmeister, er tut nur so.
Korn sagt, ich passe nicht ins Bild. Wenn Korn meinen Namen ausspricht, ist es so, als würde er ausspucken.
„Suppe", sagt er immer, „du bist zu dünn für eine eigene Wohnung."
Korn besteht aus Muskeln, Fett und Soße, ich nur aus Knochen. Oft holt Korn sich Gewichte aus dem Keller. Richtige Geräte, wie sie Gewichtheber haben. Dann steht er vor dem Haus und stemmt die Eisenscheiben in die Höhe. Manchmal kommen Kinder und schauen zu. Dann strengt er sich besonders an. Er lässt sie seine Muskeln anfassen. Das machen sie gern. Vor mir haben sie Angst. Korn sagt, er will meine Wohnung haben, weil sie besser für ihn wäre. Ich würde seine dafür kriegen. Sie wäre

besser für mich, weil sie etwas kleiner ist. Er fordert es fast jeden Tag.
Ich will ihm jetzt nicht begegnen. Er hat mich noch nicht gesehen. Mich sieht man nicht so leicht. Ich kehre um. Ich gehe noch eine Weile durch den Park, bis Korn weg ist. Hoffentlich kommt kein Wind auf.

„Verschwinde", sage ich. Aber ich sage es nur leise. Ich kann mich nicht bewegen und nicht laut sprechen. Der Hund bewegt sich auch nicht. Ein Mischling, krumme Beine, kurzes weißes Fell mit einem schwarzen Fleck. Plötzlich war der da.
Normalerweise wechsle ich die Straßenseite, wenn mir ein Hund entgegenkommt. Es ist zu spät. Er richtet die Nackenhaare auf, knurrt. Er zeigt mir seine langen Eckzähne. Was haben die Köter bloß alle gegen mich? An mir ist doch nichts dran.
„Hau ab", sage ich. Er streckt den Kopf nach vorn, macht sich ganz und gar zu einer großen Ratte. In seinen Augen schwimmen Blutfäden. Wo bleibt sein Herrchen, um ihn an die Leine zu nehmen? So einer kann doch nicht allein unterwegs sein. Ich gehe einen halben Schritt rückwärts. Alles falsch.
Im Kino würde jetzt auf Zeitlupe umgeschaltet werden, damit man alles genau sehen kann: Wie sich der Hund mit den Hinterbeinen abstößt, seine Muskeln quellen, sich sein Maul öffnet, Schleimfäden Ober- und Unterkiefer verbinden. Und dann der Sprung, als würde er fliegen. Seine Zähne schneiden durch mein Hosenbein. Sie knirschen auf meinen sandigen Knochen. Ich sehe das alles nicht, weil ich in solchen Augenblicken lieber die Augen schließe. Mit geschlossenen Augen bin ich in einer gelben Höhle aus Papier. Ich kann auch meine Ohren schließen, dann bin ich fast nicht mehr vorhanden.

Der Hund hängt vor mir mit dem Kopf nach unten. Sein Besitzer hat ihn am Schwanz gegriffen und hochgehoben.
„Der ist sonst ganz lieb", sagt er, und zum Beweis hebt er den Hund noch ein wenig höher. „Hast du den etwa geschlagen?"

„Nein, nein. So etwas kann ich nicht."
„Der macht so etwas sonst nicht." Er boxt ihn mit der linken Faust an die Schnauze. „Du bist doch ein braver Hund, nicht wahr?"
Der Hund antwortet nicht. Er hängt gelähmt an der Faust seines Herrn.
Ich sehe an mir herab. Mein Bein ist ein Sendemast, es schickt glühende Strahlen in die Welt der Hunde. Gleich werden sie von überall kommen und an meinen Knochen nagen.
„Nicht wahr, du machst doch so was gar nicht?", fragt der Hundebesitzer seinen Hund erneut und hält ihn sich dicht vor das Gesicht.
„Glaube ich gern." Ich reibe mir den Unterschenkel, ohne den Hund aus den Augen zu lassen. „Die Köter haben es immer nur auf mich abgesehen."
„Köter?", fragt er. Ich merke, es war der falsche Ausdruck. „Du bist doch der Dünne aus Korns Haus?"
„Ja, ich wohne unterm Dach."
„Ist das nicht die Wohnung, die Korn haben will?"
Ich antworte nicht.
Der Hundebesitzer geht in die Hocke und setzt das Tier langsam auf der Erde ab. „So ein lieber braver Hund." Er streichelt ihm den schwarzen Sattelfleck. „Ich sag es mal so: Ein kleiner Hund, der weiß mehr von der Welt als wir beide zusammen."
„Klar", sage ich.
„Und du sagst, die gehen immer auf dich los?"
„So ungefähr."
„Und woran liegt das?"
„Keine Ahnung."
„Ich sag es dir, du reizt die. So ist das. Und damit musst du aufhören. Verstehst du? Du bist eine Gefahr für solche Hunde. Du musst einfach damit aufhören, sie zu ärgern. Du machst die kaputt." Er hält den Hund am Halsband, und ich denke, er lässt ihn wieder los, wenn ich was Falsches sage.
„Geh meinem Hund das nächste Mal aus dem Weg."

Tim kommt über die Straße gelaufen. „He, Suppe, was ist?"
Ich will auf den Hund und seinen Besitzer zeigen, aber ich kann sie nicht mehr sehen. Die Straße schwimmt zwischen den Häusern wie ein Fluss. „Ein Hund hat mich gebissen."
„Die Hunde sehen eben nur die Knochen an dir." Es soll ein Witz sein. „Du blutest", sagt Tim. Er beugt sich herab. An meiner Jeans breitet sich ein brauner Fleck aus. „Immerhin ist noch Blut in dir." Er hebt mein Hosenbein. „Ich weiß nicht", sagt er. „Das soll ein Hundebiss sein? Es sieht aus, als wärst du gegen eine Mauer gerannt."
Tim ist mein einziger Freund seit meiner Schulzeit. Seit wir beide bei einem Mitschüler einen Teil unseres Taschengeldes abliefern mussten. Das war einer wie Korn, in jung. Vielleicht war es Korn. Er nahm uns unsere Hefte weg und pisste darauf, schmierte das Fett von seinen Brötchen auf unsere Hausarbeiten. Schließlich zahlten wir für den Schutz unserer Schulsachen. Tim kommt wieder hoch. Er sieht mir in die Augen.
„Was ist los?", fragt er. Er kennt mich. Er weiß, wenn die Hunde auf mich losgehen oder die Mauern, dann stimmt was nicht.
„Ich bin in Schwierigkeiten."
„Welchen?"
„Wenn ich das wüsste."
„Dabei nimmst du schon so wenig Platz weg."

Der Arzt in der Unfallpraxis tastet an mir herum, versucht mir in die Augen zu schauen, dann verbindet er mein Bein. Es ist nicht so schlimm. Als er fertig ist, sagt er, ich solle die Unterhose runterziehen. Wieder einmal bekomme ich eine Tetanusspritze.
„Ist wenig Fleisch auf den Knochen", sagt der Arzt.
Ich darf mich anziehen. Der Arzt fragt von seinem Schreibtisch aus, bei welchem Hausarzt ich in Behandlung bin. Ich weiß schon, was jetzt losgeht.
„Ich hab weder Anorexie noch Bulimie", sage ich.
Der Arzt lächelt. „Sie kennen sich aus, was?"
„Ich bin einfach so dünn. Schon immer gewesen. Mir geht es gut."

„Jedenfalls sollten Sie die Wunde in ein paar Tagen noch einmal Ihrem Hausarzt vorführen."
„Klar, mache ich."
Der Arzt kramt in der Schublade seines Schreibtisches. „Warten Sie, ich gebe Ihnen noch etwas mit." Er legt eine Packung Tabletten auf den Tisch. Er dreht die Schachtel mit einem Finger, sieht mich an und schüttelt den Kopf.
„Was ist das?", frage ich.
„Etwas, damit die Wunde schneller heilt."
„Brauche ich nicht." Ich weiß schon, was das ist: Aufbaumittel. Mineralstoffe, Vitamine. Er schiebt die Packung zurück in die Schublade. Er traut mir nicht. Aus einem Schränkchen holt er eine Ampulle, zieht eine Spritze auf.
„Ich brauche das nicht", sage ich.
„Ich glaube doch." Er kommt auf mich zu. „Ärmel hoch." Er reibt meine dünne Haut mit einem Desinfektionsläppchen.
„Ich will das nicht."
„Der Arzt bin ich."
Draußen ist es windig. Tim nimmt mich am Arm. „Du musst auf dich aufpassen", sagt er, „sonst bist du weg."

Korn sagt immer: „Suppe, wenn ich will, zerquetsche ich dich in meinen Achselhöhlen."
Er lehnt wieder am Hauseingang. Diesmal trägt er unter seiner Latzhose ein fleckiges Unterhemd. Seine Muskeln sind Butter in der Sonne. Eine Bierflasche baumelt als Keule an der Seite. Er löst sich von der Wand. Sein Bauch drückt sich unter der Latzhose ab. Er ist dicker und breiter geworden.
„Suppe", sagt er, „bist du das?" Er sieht an mir vorbei.
„Klar", sage ich, „bin ich das."
Korn löst sich von der Wand, stellt sich breitbeinig vor mich. „Heute ist es so weit", sagt er. Er rülpst. „Wir tauschen die Wohnungen."
Ich lache. „Nein, das geht nicht", sage ich. Ich schließe die Ohren. Sein Mund bewegt sich weiter gut geölt. Ich gehe um ihn herum.

Die Zwei-Zimmer-Wohnung im Dachgeschoss habe ich schon während der Abiturprüfungen bezogen. Meine Eltern konnten mich nicht mehr sehen. Außerdem liegt die Wohnung in der Nähe der Uni. Aber ich weiß nicht, was ich studieren soll. Mir ist alles zu schwierig. Tim sagt, ich solle eine Ausbildung bei der Bahn machen. Als Schaffner, sagt er, wäre ich richtig. Weil ich so dünn bin, käme ich in den schmalen Gängen der Züge überall gut durch. Man muss aus dem was machen, was man schon ist, sagt er.
Korn ruft mir nach, ich solle meine Sachen packen. Er helfe mir gern dabei, wenn ich es nicht allein schaffe. Es hallt im Treppenhaus.
Ich glaube, er will die Wohnung wegen der kleinen Terrasse. Ein Einschnitt im Dach vor dem Wohnzimmer. Unten im Erdgeschoss, wo Korn wohnt, ist es dunkel und eng. Ich steige hinauf. Das Treppensteigen fällt mir heute schwer. Im Flur habe ich einen Spiegel. Ich versuche mich anzusehen. Aber ich bin nicht richtig da.
Korn sagt, ich gehöre nach unten. Das Licht oben zehre mich aus. Ich müsse das doch einsehen, sagt er.

„Was ist los?", fragt Tim am Telefon. „Ich hab es zehnmal klingeln lassen."
„Ja, ich weiß. Ich musste mir erst den Daumen verbinden. Ich hatte mich geschnitten."
„Geht es schon wieder los?"
„Nein, nein", sage ich.
„Wie ist es passiert?
„Ich wollte mir nur einen Salat machen", lüge ich. „Ich bin dabei mit dem Messer abgerutscht." Ich kann mich nicht erinnern, wie das geschehen ist. „Es ist nicht schlimm."
„Doch", sagt Tim, „es ist typisch."
Er will, dass wir uns sofort treffen. Ich male eine Figur aus meinen Blutstropfen. Tim denkt, ich verletze mich absichtlich. Manchmal tue ich das. Wenn ich einen körperlichen Schmerz habe, tun andere Dinge nicht so weh. Es klingelt an der Tür.

„Ich kann jetzt nicht", sage ich ins Telefon. „Ich kriege gerade Besuch." Ich lege auf.
Korn steht mit rotem Gesicht in der Tür. Er holt mehrmals tief Luft, dann sagt er: „Es geht los." Auf dem Treppenabsatz warten eine Reihe kräftiger Männer. Ich kenne sie nicht. Nur einer sieht aus wie der Hundbesitzer. Sie fangen an, meine Wohnung auszuräumen. Sie reden nicht, tragen die Sachen nach unten. Ich protestiere. Sie lachen. Einer öffnet einen Farbeimer und beginnt die Wände weiß zu malen.
„Halt", sage ich. „Das geht nicht." Niemand hört auf mich. Schließlich folge ich einem kleinen Schrank nach unten. Aus dem Keller kommt ein Mann von der Telefongesellschaft. Er sieht an mir vorbei. „Schon fertig", sagt er. „Jetzt ist die Nummer von oben die Nummer von unten."
„Nein, das geht nicht", sage ich. Ich glaube, er hört mich nicht. Korn kommt die Treppe herab und lacht. Er reicht mir einen Schlüsselbund. „Herzlichen Glückwunsch zur neuen Wohnung."
Ich will da nicht reingehen. Ich verlasse das Haus. Draußen sitzt der Hund. Er ist am Fahrradständer angebunden. Er knurrt. Ich hebe die Hände und sage zu ihm: „Ich bin gar nicht da."

„Kennst du die noch?" Tim zeigt auf das Mädchen hinter dem Tresen des Imbisswagens. In letzter Zeit verabredet er sich mit mir immer an irgendeinem Schnellimbiss.
Ein Mädchen beugt sich über den Tresen. Sie blinzelt.
„Hallo, Suppe", sagt sie. „Ich hätte dich fast nicht erkannt."
Sie streckt die Hand aus, aber ich kriege sie nicht zu fassen. Sie hat einen roten Kittel um sich gewickelt. Ihr Körper ist über dem Tresen abgeknickt, und oben quetscht sich ihr Kopf weiß heraus wie Zahncreme aus einer Tube. Die kurzen Haare sind Schimmelfäden.
„Ich war zwei Klassen unter dir", schreit sie. „Ich bin das Küken."
Ich erinnere mich. „Nicht so laut", sage ich. „Was ist mit deinen Haaren passiert?"

„Lindgrün. Finde ich schick." Sie kann nicht leise sprechen.
„Was machst du hier?"
„Hatte keine Lust mehr auf Schule. Aber dies ist nur ein Job. Würstchenverkäuferin, gar nicht so schlecht. Nachmittags bin ich allein hier. Willst du eine Curry?"
Ich schüttle den Kopf, aber sie bemerkt es nicht.
„Ich gebe dir zwei", sagt sie. „Nur heute. Sonderangebot."
Sie lächelt in meine Richtung. Das Sonderangebot hat sie sich ausgedacht.
Ich erzähle Tim, wie mich Korn seit Tagen unter Druck gesetzt hat. Küken lehnt sich über den Tresen. „Ach, da wohnst du", sagt sie. „Soll ich dich mal besuchen?"
Ich erzähle, wie heute Korn und seine Männer den Umzug organisiert haben.
„Warum gehst du nicht zur Polizei?", fragt Küken. Weil ich die Wurst nicht esse, pickt sie sich mit einem Zahnstocher die Stücke aus der roten Soße.
„Kann er nicht", sagt Tim. „Die nehmen ihn gar nicht wahr."
Mit hoher Stimme fährt er fort: „Herr Polizist, mein Nachbar ist in meine Wohnung eingezogen."
Er antwortet mit tiefer Stimme: „Und jetzt wollen Sie ihn wegen Wohnungsraub anzeigen?"
Mit hoher Stimme: „Ja, das will ich."
Mit tiefer Stimme: „Und wo wohnen Sie jetzt?"
Mit hoher Stimme: „Ich weiß es nicht. Ich glaube, in seiner Wohnung."
Küken lacht über Tims Rollenspiel.
„Begreifst du?", sagt Tim. „Die glauben ihm nicht."
Ein Windstoß fegt um den Imbisswagen. Tim hält mich am Arm fest.
Küken reicht mir ein Glas mit Cola. „Trink mal was", sagt sie, „dann bist du schwerer." Aber ich kann nicht trinken.

Die Schlüssel passen. Die Wohnung ist dunkel, obwohl die Wände nach weißer Farbe riechen. Ich kann in der Finsternis meine Möbel kaum erkennen.

Ich will mich hinsetzen, aber ich finde keinen Stuhl. Ich merke, dass ich nicht bleiben kann. Ich kann mich nicht mal auf den Boden setzen. Ich springe wie ein Luftballon wieder hoch und stoße an die Wände. Ich gehe ins Treppenhaus. Eine der Mieterinnen steht dort. Sie hat ihre Einkaufstüten abgestellt.
„Hallo", sage ich.
Sie erschrickt, fasst sich an die Brust. „Machen Sie doch mal Licht."
Ich drücke auf den Knopf für die Treppenhausbeleuchtung.
„Bringt auch nicht viel", sagt sie. Sie kneift die Augen zusammen.
„Es blendet?", frage ich.
Sie lacht. „Sie haben die Wohnung schon getauscht? Herr Korn sagte, dass es oben auf der Terrasse so gefährlich für Sie ist. Und er hat ja vom Arzt eine helle Wohnung verordnet bekommen. Das passte ja gut."
„Ein Arzt hat ihm ..."
„Lichttherapie, ist das Neueste bei Wucherungen."
„Er hat Krebs?"
„Sie sind ja auch verletzt." Sie zeigt auf meinen Verband an der Hand.
„Auch Krebs. Er frisst mich auf", sage ich. „Der Arzt hat mir eine finstere Wohnung verordnet, damit ich das Blut nicht sehen muss."
Ich springe zum Ausgang und stoße mit den Zehen gegen die Tür. Ich hinke nach draußen. Ich glaube, mein Zeh ist gebrochen. Einer von Korns Umzugshelfern steht da. Ich setze mich auf den Kantstein und ziehe meinen Schuh aus. Alles ist voll Blut.
„Die Wohnung ist zu gefährlich für Sie", sagt er. „Ich mache Ihnen einen Vorschlag."
„Will ich nicht hören." Ich hinke davon.
Er folgt mir. „Wissen Sie was, ich ziehe erst mal mit ein und passe ein bisschen auf. Später übernehme ich die Wohnung. Ist ein Angebot, dass Sie eigentlich kaum ausschlagen können."

„Du siehst nicht gut aus", sagt Tim.
„Ich konnte nicht schlafen, das ist alles."
„Du kannst zu einem Anwalt gehen", sagt Tim. „Oder nach Australien auswandern. Du kannst dir auch eine Waffe besorgen. Du kannst heiraten, in eine interessantere Stadt umziehen, oder du arbeitest ab morgen bei der Müllabfuhr, du trainierst dir Muskeln an. Du kannst Mathematik studieren oder Astronaut werden. Du kannst essen oder dir einfach Kleidung kaufen, in der du dicker aussiehst. Du hast viele Möglichkeiten, aber du musst dich entscheiden."
„Besorge ihm eine Pistole", sagt Küken. „Du kannst das doch."
„Wer eine Waffe hat, muss sie auch zuerst benutzen, sonst nützt sie nichts. Und wenn du sie zuerst benutzt, bist du ein Mörder", sagt Tim.
„Hört auf. Ich kann das nicht." Ich halte mich mit einer Hand am Imbisswagen fest, und mit der anderen ziehe ich meinen Schuh aus, dann die Socke.
„Mein Zeh ist gebrochen", sage ich. Ich hebe meinen Fuß und verliere das Gleichgewicht. Ich schaffe es nicht, mich abzustützen, und schlage auf, rutsche in den schwarzen Schotter, der rund um den Imbisswagen gestreut ist.
Tim hilft mir hoch. Küken holt Wasser, um die Schürfwunden an den Unterarmen und am Kinn auszuwaschen.
„Wenn du dich nicht entscheidest, hörst du auf zu existieren", sagt Tim.
„Was weißt du schon?", sagt mein Schmerz.
„Lass ihn in Ruhe", sagt Küken. Sie pustet auf meine Wunden. Meine Haut flattert. Wenn ich ihr grünes Haar angucke, tut es schon nicht mehr so weh.

Ich schlafe auf einer Parkbank. Zweimal wache ich auf, weil Hunde an mir schnüffeln. Aber sie beißen nicht. Es regnet ganz dünn. Ich werde weich. In der Nähe ist eine Brücke. Ich beeile mich hinzukommen. Unter den eisernen Bögen schlafen oft Männer und wachen mit schwarzen Gesichtern auf. Sie liegen auf Kartons, einige haben richtige Schlafsäcke. Ich lehne mich

ein Stück entfernt an die Wand. Ich will nur zusehen, wie sie leben. Sie drehen die Köpfe hin und her, um mich im Gegenlicht zu erkennen. Es fällt ihnen nicht leicht. Nach einer Weile kommt einer zu mir. Er beugt sich vor mir herab, um mir von unten in die Augen zu sehen.
„Was willst du hier?", fragt er. Sein Alkoholatem schlägt mir ins Gesicht.
„Nur mal so gucken."
„Hier ist kein Platz für dich."

„Zwei Pistolen", sage ich. „Ich brauche zwei Pistolen. Nur so geht es. Eine geladen und eine nicht. Ich gebe Korn die Waffe ohne Patronen, und in dem Moment, wo er sie nimmt, erschieße ich ihn mit der zweiten. Klassische Notwehrsituation, denn ich kann ja nicht wissen, dass seine nicht geladen ist."
„Das kriegst du hin?", fragt Tim.
„Klar", sage ich.
„Ich helfe ihm", sagt Küken mit vollem Mund. „Ich trage die Pistolen, wenn sie zu schwer für ihn sind."
Sie isst schon wieder die Wurst, die sie für mich zubereitet hatte.
„Ich muss nachdenken", sagt Tim. „Ich komme morgen wieder." Er hebt die Hand und geht rüber zur Bushaltestelle.
Ich will ihm hinterher, aber dann wirbelt mich etwas herum, der Wind vielleicht, und schleudert mich mit dem Kopf gegen den Imbisswagen.
Küken lacht. Mir läuft das Blut in die Augen. Ich neige den Kopf weit in den Nacken. Oben treiben Wolken. Mit denen bin ich verwandt. Bald wird es Herbst.
Küken kommt hinten aus dem Imbiss. Ich rutsche an der Wand des Wagens herab. Sie geht vor mir auf die Knie. Sie kann mich gut sehen. Mit einem Handtuch tupft sie meine Stirn. „Du bist aber auch blöd", sagt sie.
„Das passiert mir immer", sage ich. „Immer in solchen Situationen."
„Du brauchst einen Verband." Sie geht in den Wagen.

Ich presse das Handtuch gegen meine Stirn. Das Blut darf mir auf keinen Fall in den Mund laufen.
Sie kommt zurück und sagt: „Wir haben nur Brandsalbe."
Sie zerreißt das Handtuch mit beiden Fäusten, die Muskeln quellen an den Armen, wie bei Korn. Dann wickelt sie einen Stoffstreifen um meinen Kopf.
„Sieht gut aus. Man erkennt dich besser. Du solltest immer ein Tuch um die Stirn tragen", sagt sie. Sie tritt einen Schritt zurück und legt den Kopf schräg. „Tut es weh?"
„Ja", sage ich. „Aber es geht mir besser dabei."

Tim lässt mich einen Blick in den Einkaufsbeutel werfen. Ich brauche eine Weile, bis ich begreife, was er mir zeigen will. Zwischen einer gefalteten Zeitung liegen zwei Pistolen.
„Nur die rechte Waffe ist geladen", sagt er. „Ein kleiner Hebel neben dem Abzugshahn ist zum Entsichern."
„Mach das nicht", sagt Küken. Sie brät zwei Würste für mich.
„Halt mal fest", sagt Tim. Ich nehme den Einkaufsbeutel. Er zieht mich herab. Meine Schultern schmerzen.
„Ich kann auch für dich schießen", sagt Küken. Sie schiebt die zwei Schinkenwürste auf einem Papptablett über den gläsernen Tresen. „Iss", sagt sie. Sie lächelt mich an. Ich sehe, dass ihr ein Eckzahn fehlt.
Im gleichen Augenblick weiß ich, wie alles vor sich gehen wird: Ich schenke Korn die Waffe. Schon in dem Moment, in dem er sie in die Hand nimmt, werde ich nicht mehr wissen, ob ich ihm die geladene oder die leere Pistole gegeben habe. Ich werde nicht schießen können.
„Es geht nicht", sage ich.
Küken nickt und isst die Würstchen selbst. „Ich komme mit", sagt sie mit vollem Mund. „Ich trage die Waffen für dich." Sie beugt sich über den Tresen. Ihr Kopf quetscht sich weit aus der Tube. „Lass mal sehen."
Ich öffne den Einkaufsbeutel und zeige ihr die zwei Steine, die darin liegen. Tim meint es gut mit mir.

Küken hält mich fest und schiebt mich durch die Straßen. Es stürmt und regnet ein wenig. Der Herbst ist da. Einmal trägt mich Küken um eine Häuserecke, weil ich gegen den Wind nicht vorankomme. Ihr Atem riecht nach Zahncreme. Vor der Tür des Hauses bleiben wir stehen und lesen die Klingelschilder. Auf jedem steht Korns Name. Wir steigen die Treppen hinauf. Küken trägt den schweren Einkaufsbeutel, aber ich bin außer Atem. Wenn ich stöhne, muss ich durch den Luftdruck zwei Stufen zurück. Es ist Wahnsinn, was ich mache. Aber einmal muss es sein.
Küken klingelt an der letzten Tür unterm Dach. Korn öffnet.
„Tag, Papa", sagt Küken. Korn grinst breit. Ihm fehlt ein Eckzahn, das ist mir vorher nie aufgefallen.
Küken reicht ihm eine Pistole aus dem Einkaufsbeutel. „Herzlichen Glückwunsch zum Geburtstag. Ein Geschenk für dich."
Korn wiegt die Pistole in der Hand. „Die ist ja sogar geladen", sagt er. Er lässt den Entsicherungshebel klicken, dann drückt er die Waffe an Kükens Stirn. Damit habe ich nicht gerechnet. Jetzt ist unser ganzer Plan hinfällig.
„Willst du, dass ich sie töte?", fragt Korn mich.
„Nein", sage ich, „sie ist vielleicht die Letzte, die mich sehen kann."
„So oder so", sagt er. „Und nun zu dir." Er gibt Küken die Pistole in die Hand, damit sie sich den Lauf selbst gegen die Stirn drücken kann. Dann geht er in den Flur und kommt mit einem Regenschirm zurück. Er drückt ihn mir in die Hand.
„Nein", sage ich.
„Geh spazieren", befiehlt er.

Wir steigen die Treppen hinauf. Küken trägt den schweren Einkaufsbeutel, aber ich bin außer Atem. Küken klingelt an der letzten Tür unterm Dach. Korn öffnet. Er ist so dick, dass er gerade in den Türrahmen passt.
Ich schieße sofort. Er fällt nach hinten, kommt aber wieder hoch und macht einen Schritt auf uns zu. Wir weichen aus. Er öffnet den Mund, will etwas sagen, aber dann stürzt er kopf-

über die Treppe hinunter. Unten richtet er sich wieder auf, geht einen Schritt und fällt erneut. So geht es Stockwerk für Stockwerk bis ins Erdgeschoss. Ein dünnes Blutband kommt aus seinem Bauch, läuft wie ein Wollfaden über die Stufen. Ich gehe hinter Korn her, denn ich muss ihm die andere Waffe noch in die Hand drücken.

Küken klingelt an der letzten Tür unterm Dach. Jemand, der so ähnlich aussieht wie Korn, öffnet. Es muss sein Bruder sein. Er bittet uns herein. Ich gehe vor. Im Wohnzimmer ist Korn aufgebahrt. Das Gesicht ist spitz geworden. Auch sein Körper hat sich verändert. Fett und Fleisch hängen an der Seite wie Handtaschen herab.
„Vom eigenen Gewicht erdrückt", sagt sein Bruder.

Falsche Richtung

Jonas ist kurz zum Telefonieren vor die Tür des Cafés gegangen. Absichtslos schüttelt der Himmel Tropfen aus den Wolken. Mit großporiger Haut kommt er zurück. Pfützenaugen, halb ausgetrocknet
„Ina hat Schluss gemacht", sagt er. „Kannst du mich hinfahren?"
Er wartet keine Antwort ab, sondern kreuzt in Richtung Klo, bewegt sich in seinem grauen Anzug wie Gummi.
„Wer ist Ina?", frage ich, als er sich wieder setzt, Halt suchend.
„Ina ist ..." Zungenlähmung. Er probiert, sich aufzurichten, und verhakt seine Füße an den Stuhlbeinen. Keine Knochen mehr. Er stützt seinen Kopf mal mit der einen, mal mit der anderen Hand. Als er bemerkt, dass er allmählich unter den Tisch rutscht, wickelt er die Arme fest um den Brustkorb. Doch dann, in einem Augenblick der Unaufmerksamkeit, fällt er seitlich vom Stuhl und rollt auf den Fußboden. Kein Wort, kein Laut.
Ich helfe ihm hoch. Sein grauer Anzug lässt sich gern abklopfen. Viel zu viel Stoff, der von seinen Schultern herabhängt.
„Mir ist schlecht", sagt er.
„Gut", sage ich, „ich fahre dich hin. Wo wohnt sie?"
„In Lübeck. So ungefähr. An der Ostsee."

Auf der Autobahn schrumpft er, beschützt seinen Schädel mit den Händen, die welke Blätter sind. Über uns zerfetzt ein Hubschrauber das Schlierengrau. Aber sie schießen nicht.
Jonas kennt nur noch ein Wort. Scheiße, wiederholt er jede Minute. Mehr gibt es nicht zu erzählen. Dann fängt sein Körper an zu zucken. Ich fahre langsamer. Er lässt die Seitenscheibe herunter und hält den Kopf in die Kälte. Weil das nicht gut

ist, biege ich auf einen Parkplatz ab. Er öffnet die Wagentür und kotzt.
Sein Anzug ist bekleckert. Ich hole die Klopapierrolle von der Ablage. Sie hat eine gehäkelte grüne Hülle. Beim Kauf des Gebrauchtwagens musste sie übernommen werden. Jetzt ist sie zu was nütze.
Jonas wischt blind an sich herum. Die Papierfetzen segeln durch die Luft und lassen sich von einem Dornbusch aufspießen. Er sieht ihnen nach, lächelnd. Dann reißt er weitere Blätter ab, nur um sie in den Dornentod zu schicken. Ich nehme ihm die Klorolle aus der Hand. Er geht zu einem Müllbehälter, aber statt das Papier hineinzuwerfen, holt er den Plastiksack aus der Halterung und sät den Inhalt auf dem Rasen aus.
„Spinnst du?"
Zwei andere Autofahrer beobachten uns aus aufgeblasenen Jogginganzügen heraus.
Ich salutiere: „Schon gut." Und sammle alles wieder ein.
Jonas sitzt auf dem Beifahrersitz, betrachtet seinen Handrücken. Vier kleine Blutperlen auf einer roten Schnur. Er verdankt den Schmuck einer scharfkantigen Blechdose aus dem Müllsack.
„Was willst du machen, wenn wir bei Ina sind?", frage ich.
„Ich bringe sie um."

Weit hinter Lübeck fahren wir die Straße am Meer entlang. Sand treibt sich auf dem Asphalt herum. Der Wind zuckert die Autoscheiben. Jonas sagt, ich soll halten.
„Hier wohnt Ina?", frage ich. Das Gras duckt sich vor meinem Blick auf einer flachen Dünenkette. Dahinter liegt das Meer, als gehöre es woandershin. Dahin, wo Sonne ist.
Der Parkplatz eines Restaurants buckelt unter dem Auto. Ich soll warten, sagt Jonas. Die Saison ist schon lange Staub. Ich bin der einzige Gast. Die Kellnerin bringt mir Apfelstrudel mit heißer Vanillesoße und Glühwein. Sie zeigt über Trockenblumensträuße nach draußen. Sie ekelt sich vor irgendetwas.
„Kennen Sie den?", fragt sie. Ich folge ihrer sterbenden Hand.

Da steht einer in einem grauen Anzug mitten im Meer. Das Wasser leckt ihm den Schritt.

„Was machst du da?", schreie ich. Drei Möwen versuchen, es zu wiederholen. Ich setze mich in den Sand und ziehe meine Schuhe aus. Er steht da mit dem Rücken zu mir in einem Meer aus Blei.
„Hör auf mit dem Quatsch", schreie ich und ziehe meine Hose aus.
Das Wasser schneidet mir ins Fleisch. Ich rüttle ihn am Arm.
„Komm zurück", sage ich. „Es ist viel zu kalt."
„Ich kann nicht mehr zurück", sagt er.
„Warum nicht?"
„Ich hab mir schon in die Hose gemacht."

„Hat das Zimmer einen Fön?" Das Mädchen an der Rezeption nickt. Ich zahle im Voraus und nehme den Schlüssel in Empfang. Im Auto wartet Jonas und stinkt. Eine alte Zeitung liegt unter seinem nassen Hintern. Ich öffne die Wagentür und richte ihn mit einer Geste auf. Eine Spur dunkler Tropfen schlängelt hinter ihm auf dem Boden. Im Hotel gebe ich ihm Deckung. Alte Sessel halten erschöpft zwei dicke Frauen in Schräglage. Über ihren Lackschuhen staut sich Wasser.
Im Zimmer steht Jonas flügellos und wartet auf Befehle. Erst dann spült er seine Hosen unter der Dusche und trocknet sie mit dem Fön. Ich lege mich aufs Bett und schalte den Fernseher ein. Eine blonde Frau versucht mir eine silberne Freundschaftskette für 49 Euro 90 zu verkaufen.
„Wo wohnt Ina?", frage ich.
„In Hamburg", sagt er.
„Und was machen wir dann hier?"
„Siehst du doch."

Rauch weckt mich in der Nacht. Die Luft will mir eine Bratwurst verkaufen. Es ist dunkel. Ein Lichtspalt unter der Badezimmertür wirbt für den gelben Teppich.

Jonas sitzt auf dem Klodeckel und zündet Klopapier an. Ich stoße ihn weg, werfe die brennenden Blätter ins Klobecken und drücke die Spülung.

„Was soll das?"

„Ina hatte immer so eine Rolle Klopapier neben dem Bett stehen, wenn sie mit mir schlief, weil sie ..." Die Erinnerung presst ihm die Tränendrüsen und die Kehle zusammen.

„Und deshalb zündest du das Haus an?"

„Ist doch egal. Ist doch alles aus." Eine Stimme dünn wie durch eine Telefonleitung.

Wir ziehen uns an und verlassen das Hotel. Draußen löchern die Sterne den Himmel. Im Auto hole ich meine Klorolle von der Ablage und verschließe sie im Kofferraum. Jonas legt die schwere Stirn auf dem Armaturenbrett ab. Ich weiß nicht, wohin ich fahren soll.

„Wohin soll ich fahren?"

Er weiß es auch nicht.

42 Millimeter

Ich öffne die Tür. Die Hände des Mannes stecken tief in seinen Manteltaschen. Er sieht mich an, als hätte er eine traurige Nachricht. Dann holt er den Ausweis einer Behörde hervor, die ich nicht kenne, und schiebt mich zur Seite. In meinem Wohnzimmer bleibt er stehen. Er hat seinen Blick auf meinen Schrank gerichtet.
„Sie können sich nicht weiter mit ihr treffen!" Er lächelt. Es ist ein Befehl.
„Ich verstehe nicht." Ich weiß genau, was er meint. Es musste so kommen.
Er dreht sich um und geht.
Ich folge ihm bis zur Tür, lege mein Ohr an ihr Holz, lausche auf seine Schritte im Treppenhaus.
Zurück im Wohnzimmer lasse ich mich auf das Sofa fallen. Die Schranktür knarrt, und sie kommt heraus. „Ist er weg?"
Ich nicke. Sie setzt sich neben mich und legt ihren Kopf an meine Brust.
Sie heißt Freiheit und hat ein kürzeres Bein. Sie sagt, es sei genau 42 Millimeter kürzer. Wenn sie geht, fällt es nicht auf. Sie hinkt nicht. Ich weiß nicht, wie sie das macht.
Es gefällt mir, wenn Eltern ihre Töchter nach unseren Grundwerten benennen. Heute trifft man überall junge Mädchen, die Freiheit, Demokratie, Frieden, Moral oder Ethik heißen. Sie allerdings ist die Tochter eines Mannes, der in der Hierarchie unseres Landes weit oben steht. So weit oben, dass ich mir selbst verboten habe, darüber nachzudenken, dass seine Tochter und ich seit einer Woche …
Ich streiche über ihr Haar, ihre Haut. Das kürzere Bein ist der einzige Makel an ihr. „Du kannst nicht für immer in meinem Schrank leben."

„Es ist schön in deinem Schrank", sagt sie, umschlingt mich mit ihren Armen, küsst mich. „Aber ich werde einen Weg hinaus finden."

Ich sauge die Luft tief ein. Es wird nicht gehen. Ihr Vater gehört zu jenen Personen, denen niemand widersprechen darf. Wenn ich ihn im Fernsehen in seinem Rollstuhl sitzen sehe, weiß ich, dass ihn der einzelne Mensch nicht erbarmen kann. Er muss an alle denken. Er darf nicht anders sein.

„Er wird dich einsperren."

„Er sitzt im Rollstuhl. Er ist blind und taub …"

„Er ist blind? Das wusste ich nicht."

„Niemand weiß das." Sie richtet sich auf, schwingt das kurze Bein über mich, setzt sich auf meine Knie und zupft an meinem Hemdkragen. „Weißt du, was dieser Rollstuhl ist? Eine Art Intensivstation, eine lebenserhaltende Maschine. Falls man das noch Leben nennen kann."

„Du darfst mir solche Dinge nicht sagen. So etwas zu wissen ist gefährlich."

Sie dreht sich um, schaltet durch die Fernsehprogramme, bis sie ihren Vater bei der Einweihung eines Denkmals findet. Sie lacht. „Er ist es nicht."

„Was soll das heißen?"

„Es gibt ihn mehrmals. Alle Wichtigen gibt es mehrmals."

Sie lacht und beugt sich weit zurück. Sie bietet mir ihre Kehle dar, ihre Brüste strecken sich, das T-Shirt gibt ihren Bauchnabel frei.

„Ich liebe dich."

„Ich werde für immer zu dir kommen."

„Aber wie?"

„Ich werde ein bisschen sterben. Also, wenn du von meinem Tod liest …" Sie amüsiert sich über mein Gesicht, nimmt es dann zwischen beide Hände. „Mach dir keine Sorgen."

Sie geht. Sie nimmt den üblichen Weg durch den Keller und den schmalen Fluchttunnel, den jetzt jedes Haus haben muss, um das Land besser verteidigen zu können. Wir führen einen letzten Kampf um die Grundwerte unserer Zivilisation. Ein Zitat

ihres Vaters. Und er führt diesen Kampf sogar um den Preis, nicht sterben zu können. Es ist nicht richtig, dass seine Tochter darüber lacht.
Am nächsten Tag zum Ende der Nachrichtensendung ein Bild von ihr und zwei Sätze, die mir die Kehle zudrücken. Sie ist tot, gestorben bei einer Schönheitsoperation. Ich flüchte ins Bett, verkrieche mich unter der Decke. Es kann nicht sein. Hat sie das gemeint? Ich soll mir keine Sorgen machen. Ich springe wieder auf, suche bei allen Sendern nach weiteren Informationen. Überall die gleiche kurze Nachricht.
Es kann nicht sein. Sie brauchte keine Schönheitsoperation. Sie muss noch leben. Es muss sich um den angekündigten Trick handeln. Im Hauptprogramm wird eine Rede ihres Vaters übertragen. Er spricht nicht über seine Tochter, sondern über die Moral. Er sieht mich durch die Kamera direkt an. Der Mann ist nicht blind. Seine Gestik ist an mich gerichtet. Der Mann ist äußerst lebendig. Er spricht über die Liebe. Die Liebe zum Land muss über jeder anderen Liebe stehen. Die Ansprache ist nur für mich. Ich verkrieche mich wieder unter der Bettdecke. Was er mir sagen will, ist: Er hat seine Tochter töten lassen. Ich halte mir die Ohren zu. Seine Stimme dringt durch. Er sagt den Müttern, sie sollen ihren Söhnen andere Namen geben. Namen wie Opfer und Sieg, Namen wie Ehre und Treue. Ich verstehe, er will mich trösten.
Am nächsten Tag ist es Gewissheit. Sie kommt nicht mehr. Kein Trick. Ich versuche zu weinen, es dauert lange, bis ich es kann. Schließlich kleide ich mich an, um zur Behörde zu gehen. Ich möchte meinen Namen ändern. Alle tun das jetzt. Es gibt kaum noch jemanden, der Lukas, Florian oder Till heißt.
Als ich das Haus verlassen will, steht sie vor meiner Tür. Sie zittert, kann kaum atmen. Sie flieht in die Wohnung und kriecht sofort in den Schrank. Nach einer Weile öffnet sie einen Spalt. „Sieh nach, ob mir jemand gefolgt ist."
Ich durchsuche das Treppenhaus, sehe vor die Haustür, inspiziere den Keller, beobachte vom Fenster aus die Straße. Nichts Ungewöhnliches. Als es dunkel wird, kommt sie aus dem

Schrank und kriecht zu mir ins Bett. Später ändert sie ihre Haarfarbe. Wir wagen es, das Haus zu verlassen, und gehen in ein Restaurant. Am nächsten Tag laufen wir durch die Stadt, sitzen in Bars. Niemand beachtet uns. „Ich bin tot", sagt sie. Sie lacht.

Aber in der Wohnung kriecht sie tagsüber immer wieder in den Schrank. Sie fühle sich wohl darin, sagt sie. Mir zu Gefallen lässt sie die Tür einen Spalt offen.

Es dauert eine ganze Woche, bis mir auffällt, dass ihre Beine gleich lang sind.

Lava sagt

Lava sagt: „Küss mich."
Sie breitet die Arme aus und versperrt mir die Treppe. Die kurzen Haare sind rot gefärbt. Über einem weißen T-Shirt trägt sie ein Hemd aus Blechdeckeln. Sie hat es selbst gemacht. Lava ist die Tochter des Hausbesitzers im ersten Stock. Trotz der Lampen ist es immer dunkel im Treppenhaus. Die Deckel glitzern auf ihrer Brust. Gold und Silber. Es sind die Schraubverschlüsse von Gläsern, die sie mit Schlüsselringen verbunden hat.
„Lass mich vorbei", sage ich. Ich wohne mit meinen Brüdern im zweiten Stock.
„Du bekommst alles, was du willst", sagt Lava.
Sie heißt nicht so. Sie nennt sich so, weil ihr älterer Bruder angeblich auf der Insel Lava verschollen ist. Ich glaube, so eine Insel gibt es gar nicht. Und den Bruder hat es auch nie gegeben. Manchmal behauptet sie, der Name stamme von einer Königin und sie sei eben eine Königin. Meine Brüder und ich, wir wollten uns auch einmal neue Namen geben. Wir haben keine passenden gefunden.
Lava ist ein Jahr älter als ich. Ein Jahr ist ein großer Unterschied, wenn man wie ich erst sechzehn ist. Seit sie einmal gesagt hat, dass sie Soldaten mag, laufen meine Brüder in abgetragenen Militärklamotten herum. Dabei machen sie sich nichts aus Frauen.
„Lass mich durch", sage ich.
Lava kommt mir ein paar Schritte entgegen und presst sich an die Wand. Sie hat einen Pickel am Kinn. Ich nehme meine beiden Einkaufstüten wieder auf. Als ich an ihr vorbeigehe, erlischt das Treppenhauslicht. Lava greift nach meinem Kopf, hält mich an den Ohren fest und küsst mich.
„Warum machst du das?"

Lava ist schon vorbei, drückt unten auf den Lichtknopf. Sie lacht.

Meine Brüder sitzen vor dem Fernseher. Unsere Lieblingsserie läuft. Ich gehe in die Küche.
„Vierter, hast du Bier?"
Vierter, das bin ich. Der Jüngste. Unsere Eltern haben uns nach Zahlen benannt. Der Erste bekam den Namen Erster und so weiter. Weil ich eine andere Mutter habe als meine Brüder, sagen meine Brüder, dürfte ich nicht Vierter heißen.
Zweiter kommt zu mir in die Küche. Er sieht mir beim Auspacken der Lebensmittel zu. Dann geht er zur Tür und ruft laut: „Kein Bier dabei."
Es kommt keine Antwort. Sie murren nicht. Ich bin der Einzige von uns, der regelmäßig Geld verdient. Ich bin Parkplatzwächter.
Zweiter kommt zu mir zurück. „Post von Vater", sagt er und schiebt eine Ansichtskarte über den Tisch.
„Post?" Als ich heute Morgen das Haus verließ, war nichts im Briefkasten.
„Wo kommt die her?"
„Lava hat sie gebracht. Sie war in ihrem Briefkasten."
Ich setze mich. Wir kriegen selten Post. Immer nur Werbung.
Ich hebe die Karte hoch, sie zeigt eine Einkaufsstraße. In einem geschwungenen gelben Band steht: Grüße aus Delitzsch. Dort wurden wir geboren. Ich drehe die Karte um und lese: „Ich sterbe – liebe Grüße – Vater."

„Was machen wir?", frage ich.
Der Fernseher läuft. Es ist unsere Lieblingsserie. Sie heißt *Bonanza* und ist von früher. Ich glaube, die Schauspieler sind alle schon tot. Wir kennen alle Folgen. Wir müssten nicht hingucken. Aber wir tun es trotzdem. Ich mag es am liebsten, wenn im Vorspann die Landkarte brennt.
Erster lehnt lang und dünn wie eine Eins am Fenster, halb sitzt er auf der Fensterbank. Dritter liegt auf dem Fußboden, hat den

Kopf gegen das Sofa gelehnt. Bauch und Brust wölben sich wie bei einer Drei. Über ihm hockt Zweiter, Kopf nach vorn abgeknickt, große Füße. Eine Zwei eben. Ich weiß nicht, wie ein Mensch als Vier aussehen sollte.
„Was machen wir?", frage ich.
Der Fernseher läuft. Wir starren auf den Bildschirm. Der jüngste Bruder in der Serie sagt: „Ich hole die anderen", und schwingt sich auf sein Pferd.

„Wir müssen hinfahren", sagt Erster.
Er schaltet den Fernseher aus. *Bonanza* ist zu Ende. Am Schluss lachen die Brüder mit dem Vater immer in die Kamera, weil alles wieder gut ausgegangen ist. Wenn wir Lava erzählen, was wir uns im Fernsehen angucken, tippt sie sich an die Stirn und sagt, wir seien blöd.
„Wir haben nicht genug Geld", sage ich.
Zweiter kommt auf allen Vieren aus der Küche, die Karte zwischen den Zähnen. Ich will sie ihm wegnehmen. Er knurrt.
„Er ist schließlich unser Vater", sagt Erster und gibt vom Sofa aus Zweiter einen Tritt. Zweiter fällt um und strampelt mit den Beinen in der Luft.
„Gut", sagt Dritter. „Wir sind ihm verpflichtet." Er zeigt auf mich: „Aber der nicht. Er hat eine andere Mutter."
„Verstehe ich nicht."
Zweiter kommt hoch. „Ich weiß was: Wir rufen ihn an und wünschen ihm alles Gute."

Wir zählen unser Geld.
„Es reicht nicht", sagt Erster. „Es ist vielleicht gerade genug für eine einzige Fahrkarte."
„Dann fährst du allein", sage ich.
Erster schüttelt den Kopf. „Es ist nicht genug, um noch Blumen zu kaufen. Man bringt Blumen mit, wenn jemand stirbt."
Erster hat manchmal einen Job als Türsteher vor einem Club, wenn ein anderer ausfällt. Er macht es nicht gern, denn er wird jedes Mal von Gästen verprügelt, die er nicht reinlassen soll.

Zweiter schreibt etwas auf einen Zettel und liest es vor: „Lieber Vater, stirb ruhig, wir machen für dich weiter."
Zweiter ist der Stärkste von uns. Er hilft an den Wochenenden bei einem Supermarkt aus. „Wir schicken es ihm", sagt er. Ich nehme ihm das Papier weg. Es ist die Rückseite eines Kassenzettels.
„Wir müssen ihm einen letzten Wunsch erfüllen", sagt Dritter. „So macht man das."
Dritter hatte eine Lehre als Automechaniker begonnen, aber die Prüfung nicht bestanden. Dann machte die Werkstatt pleite. Manchmal bekommt er aus der Nachbarschaft einen Auftrag. Bremsbeläge oder Stoßdämpfer erneuern kann er gut.
„Ein Auto, zum Beispiel", sagt Dritter. „Wir schenken ihm ein Auto zum Abschied."

Lava steht in der Tür. Über ihrer Kleidung hat sie sich mit Klopapier umwickelt, wie wir es früher auf Kindergeburtstagen gemacht haben. Sie sieht mich an und legt den Kopf schräg.
„Nicht küssen", sage ich.
„Was macht ihr?", fragt sie. Sie kommt rein. Das Klopapier fällt von ihr ab. „Ihr müsst ihm einen letzten Wunsch erfüllen."
„Er wünscht sich nichts", sagt Erster.
„Doch. Er wollte immer ein Auto, so wie ich auch", sagt Dritter.
„Nein", sagt Zweiter. „Er wollte nur mal in einem offenen Sportwagen durch die Stadt fahren mit einer tollen Frau auf dem Beifahrersitz."
„Ist doch egal", sage ich. „Wir kriegen weder das eine noch das andere hin. Wir haben kein Geld."
Lava lacht. „Und die Miete ist fällig."
Wir wissen nicht, was wir dazu sagen sollen.
„Ist doch ganz einfach", sagt Lava. „Ihr nehmt Dicky seine Banane weg und zahlt nur die Hälfte der Miete, damit es noch fürs Benzin reicht."
Dicky ist der Stärkste im Viertel. Er beherrscht mit seinen Freunden die Gegend. Von der anderen Straßenseite bis hoch

zur Frankfurter Allee. Und seit drei Wochen fährt er einen gelben Sportwagen.
„Bist du verrückt?", sagt Erster.

Lava sagt: „Er bringt die Miete." Sie stellt sich hinter ihren Vater. Er sitzt in einem tiefen Sessel vor einem Tisch, der fast bis unter sein Kinn reicht. Er sieht mich nicht an. Lava legt eine Hand auf die Schulter ihres Vaters. Erst jetzt bemerkt er unsere Anwesenheit.
„Die Miete", sage ich. „Ich bringe die Miete."
Lava nickt mir zu.
„Vierter Müller?", fragt ihr Vater. Er hebt eine Hand und legt sie hinter sein Ohr.
„Ja", sage ich, „wegen der Miete."
„Ja", sagt ihr Vater. „Danke."
Lava nickt mir zu. „Los", sagt sie.
„Ich kann nur eine Anzahlung machen", sage ich.
„Das ist gut", sagt Lavas Vater. „Vielen Dank." Er legt seine beiden Hände flach auf den Tisch.
„Leg das Geld hin", flüstert Lava.
Ich schiebe die zwei Scheine über den Tisch, bis sie die Fingerspitzen von Lavas Vater berühren. Er tastet danach, streicht mit den Fingerkuppen darüber.
„Ja", sagt Lavas Vater. „Ja." Er nimmt das Geld auf und steckt es in die Zuckerdose. Es passt nicht rein, weil sie voller Zucker ist.
„Ich mache das schon", brüllt Lava ihm ins Ohr.
„Ja", sagt ihr Vater. Sie nimmt ihm das Geld weg und bringt mich zur Tür.
„Nicht küssen", sage ich, aber sie presst schon ihren Mund auf meinen.
„Und jetzt", sagt sie, „nehmt ihr Dicky die Banane weg."
„Klar, ist ja ganz einfach."

Lava hat sich ein Kleid aus Zeitungspapier zusammengeklebt. Wir gehen an Dickys Banane vorbei. Es ist ein italienischer

Sportwagen. Wenn es regnet, fährt er ihn in die Tiefgarage. Ich nehme an, das Verdeck lässt sich nicht mehr schließen oder hat Löcher.

„Vielleicht kann Dritter ihn kurzschließen", sage ich.

Lava lacht. „Kann er nicht, und wozu?"

„Wir klauen den Wagen. Dicky kann nicht ständig auf ihn aufpassen."

Dicky hängt im ersten Stock seines Hauses am offenen Fenster. Er hat die muskulösen Arme auf das Fensterbrett gelegt.

„Er kann Karate", sage ich.

Lava bläst die Luft aus.

„He, wartet mal", ruft Dicky. Lava zieht mich weiter. Wir gehen die Straße hoch. Sie hakt sich bei mir unter.

Dicky ist unten auf der Straße erschienen. „He, Vierter, komm mal zurück."

Lava sagt: „Ich muss gehen. Habe was Wichtiges zu erledigen."

Sie lässt mich los und läuft quer über die Straße. Sie hat dünnere Beine als sonst.

Ich drehe mich um und gehe zurück.

„Hör mal", sagt Dicky. Er lehnt an seinem Wagen, zündet sich eine Zigarette an. „Das gilt nicht für dich Weichei, du bist zu jung, sondern nur für deine Brüder: Wenn sie meinen Wagen haben wollen, muss einer von euch Idioten gegen mich kämpfen. Wenn ich verliere, schenke ich euch die Banane."

Ich habe eine dunkle Ahnung, woher er weiß, dass wir seinen Wagen haben wollen. „Wer will schon deine Schrottkarre geschenkt haben. Nur gegen Zuzahlung."

Dicky poliert seinen Wagen. Ich stehe mit Erster auf der anderen Straßenseite.

„Lava sagt, wir sollen kämpfen."

„Unsinn." Erster wischt meinen Einwand mit beiden Händen weg. „Er hat den schwarzen Gürtel. Nein, wir klauen die Banane."

„Wie denn?"

„Dritter ist Automechaniker. Er rollt sich unter den Wagen, kneift ein Kabel durch. Dicky fährt los und muss die Banane irgendwo stehen lassen, weil sie nicht mehr weiterfährt. Dann kommen wir."
„Klar", sage ich, „nach der Abmagerungskur rollt sich Dritter unter den Wagen, um festzustellen, dass er von Autoelektrik keine Ahnung hat."
„Woher willst du das wissen?"
„Lava sagt, Dritter hat keinen Schimmer von so was."
Dicky tänzelt für uns um die Banane, dann streckt er uns seinen Hintern entgegen: „Kommt rüber, ihr beiden Schwuchteln, und leckt mir den Arsch."

Lava sagt, wir sollen kämpfen, wir würden schon gewinnen. Aber Lava sagt auch, wir sollten mal darüber nachdenken, ob Gott nicht vielleicht eine Frau sei. Kann ja sein, und schwarz und behindert ist er auch. Jedem sein Gott.
Was uns an *Bonanza* so gut gefällt, die Frauen spielen keine große Rolle in der Serie. Selbst in der Küche der Farm regiert ein chinesischer Koch. Und in dieser Serie ist Gott bestimmt ein Mann mit einem Revolver.
Ich habe Dicky gefragt, mit welchen Waffen er kämpfen will. Er hat gesagt, für uns beschränkt er sich auf die Waffen einer Frau. Mit bloßen Händen.

Lava findet mich auf dem Parkplatz. Sie trägt einen bauchigen grünen Overall mit großen Gummistiefeln. Sie sieht aus, als würde sie auf einem Bauernhof arbeiten. Sie sagt: „Deine Brüder haben sich den ganzen Morgen von Dicky beleidigen lassen."
„Ich weiß", sage ich. „Es ist jeden Tag so."
„Aber weißt du, was sie nachmittags machen?"
„Nein."
„Sie sind bei einem Karatelehrer."
„Wirklich?"
„Sie wollen nicht, dass du es weißt."

„Warum?"
„Sie bezahlen ihn von deinem Geld."
Ich hebe die Schultern. „Bis sie Karate können, wird unser Vater tot sein und die Banane verrottet."
Lava zieht einen Gummistiefel aus und kratzt sich zwischen den Zehen. „Weißt du, warum Dicky Dicky heißt?"
„Klar. Seine Lieblingsserie im Fernsehen war früher *Schweinchen Dick*. Es ist die, bei der am Schluss das Schwein sagt: Und immer schön fröhlich bleiben."
Sie zieht sich den Stiefel wieder an und steht auf. „Warum stirbt dein Vater? Er kann noch nicht so alt sein."
„Ich nehme an, er hat eine Schusswunde."

Meine Brüder suchen im Fernsehen nach einer Karate- oder Kung-Fu-Serie. Ich gehe in den Flur und rufe in Delitzsch an. Eine Frauenstimme meldet sich. Sie sagt, er kann nicht ans Telefon kommen.
„Aber er lebt noch?", frage ich.
„Ja", sagt sie und: „Noch."
„Gut", sage ich.
Meine Brüder haben eine Kung-Fu-Serie gefunden. Sie gefällt ihnen nicht. Sie verstehen die Handlung nicht. Dritter geht in die Küche und kocht Spaghetti für alle. „Was ist?", fragt er.
„Er lebt noch."

Ich verlasse die Wohnung, um zum Parkplatz zu gehen. Lava steht schon im Hausflur und schneidet sich mit einer Schere Löcher in die Jeans und das T-Shirt. Sie sagt, sie hat Dicky kämpfen sehen. Sie sagt, er hat ein Elektroschockgerät im Ärmel.
„Hat er gewonnen?", frage ich.
„Ja", sagt sie. „Natürlich."
Sie begleitet mich. Plötzlich geht sie schneller und stellt sich vor mich.
„Nicht küssen", sage ich.
Sie lacht. „Du musst deinen Brüdern Bescheid sagen, sie brauchen nicht mehr zum Karate-Kurs zu gehen."

„Er kämpft nicht fair."
„Ja. Du musst gegen ihn kämpfen."
„Ich? Warum ich?"
„Weil ... er hat mich beleidigt."
„Was hat er gesagt?"
Sie antwortet nicht, sondern erzählt, wie Dicky seinem Gegner die Elektroden auf die Handfläche gedrückt hat.
„Er hat lange Zeit nur auf dem Boden gelegen und gezittert", sagt sie.
„Wer war es?"
Sie sieht zu Boden. Ich greife nach ihren Händen. Sie hat zwei Brandflecke auf der Handfläche.

„Warum lasst ihr euch von ihm beleidigen?", frage ich.
„Wir studieren ihn."
Meine Brüder stehen in einer Reihe am Rand des Fußweges und sehen hinüber. Dicky streckt den Mittelfinger in die Höhe, dann haucht er den rechten Seitenspiegel der Banane an und poliert ihn mit dem Ärmel seines Hemdes.
„Ich bin derjenige, der gegen dich kämpft", rufe ich.
Dicky lacht und wackelt mit dem Hintern in meine Richtung.
„Der Schlüssel für die Banane steckt in meinem Arschloch. Hol ihn dir."
„Du wirst nicht für uns kämpfen", sagt Erster. „Das ist unsere Sache."
„Wir sind die Älteren", sagt Zweiter. „Wir sind stärker als du."
„Aber er kämpft nicht fair", sage ich.
„Wir sind die Erfahrenen", sagt Dritter. „Wir kennen die Tricks."
Dicky ruft: „Was ist mit euch Vanillepuddingköpfen, kommt endlich einer aus eurer feigen Brut rüber, damit ich Kirschsoße aus ihm machen kann?"
„Ich komme", rufe ich. „Ich werde dich besiegen. Ich werde ..." Meine Brüder halten mich fest. Erster presst mir seine Hand auf den Mund.
„Bist du verrückt?", zischt er. „Du reizt ihn."

Dicky hat sich von seinem Wagen abgestoßen und ist bis in die Straßenmitte gegangen. Er schnüffelt. „Verdammter Gestank. Eure faulenden Geschwüre riechen bis hierher. Diese Pest halte ich nicht aus."
Er drückt sich die Nase zu und macht kehrt.
Ich entdecke Lava. Ihre Hände stecken in zwei Blechdosen. Ich löse mich von meinen Brüdern und springe über die Straße. Ich muss ihr zuvorkommen.

Im Laufen bücke ich mich und hebe einen Stein auf. Ich werfe. Glas klirrt. Ich habe den rechten Scheinwerfer der Banane getroffen. Dickys Mund steht offen.
„Bist du verrückt, was machst du?" Er beugt sich zu dem kaputten Scheinwerfer hinab. Mit einem Sprung ziehe ich seine Beine nach hinten weg. Er fällt auf die Stirn, bleibt reglos liegen. Er blutet. Die Scherben haben ihm die Stirn aufgeschnitten.
„Los!" Ich winke meinen Brüdern.
Erster setzt sich hinters Steuer und startet. Dritter lässt sich in den Beifahrersitz fallen. Hinten sind nur zwei schmale Notsitze. Lava streift die Blechdosen von den Händen und klettert über die Kofferraumhaube hinein. Zweiter quetscht sich neben sie.
Erster sucht knarrend den Rückwärtsgang.
„He, wo soll ich sitzen?"
„Du bleibst hier", sagt Erster.
Er fährt ein Stück zurück, umkurvt Dicky und gibt Gas.
„Wartet auf mich!"
„Du bist zu jung."
Ich beuge mich zu Dicky hinab. Er stöhnt. Aus einem Ärmel guckt der Elektroschocker. Ich ziehe ihn heraus und nehme ihn an mich.

Mit laufendem Motor warten sie vor unserem Haus auf mich.
„Kein Platz mehr", sagt Zweiter. Er hat den Arm um Lava gelegt.

„Was will sie dabei?", frage ich.
„Vater soll den Wagen fahren, und sie ist das schöne Mädchen auf dem Beifahrersitz, verstehst du, sein letzter Wunsch." Erster streckt die Hand aus dem Wagen. „Gib uns Geld für Benzin."
„Nur wenn ich mitfahre."
„Was willst du dort? Du hast eine andere Mutter", sagt Zweiter.
„Und ihr habt kein Geld für Benzin."

Auf dem ersten Autobahnparkplatz versuchen wir das Verdeck zu schließen. Aber es besteht nur aus Fetzen.
Hinten ist es zu dritt so eng, dass Lava sich nach vorn auf Dritters Schoß setzt. An der nächsten Raststätte holt sie sich einen Müllsack aus Plastik, reißt ihn auf und zieht ihn sich über den Kopf. Dann kommt sie zurück nach hinten.
„Dein Bruder da vorn, diese Sau, fummelt an mir rum", sagt sie.
Wir probieren verschiedene Stellungen, um unsere Beine unterzubringen. Es geht nicht. Schließlich legt sich Lava der Länge nach über mich und Zweiter. Ich habe ihren Kopf, Zweiter ihre Beine auf dem Schoß.
„Küss mich", sagt Lava.

Vater sitzt im Hof in einem Wäschekorb. In der Klinik haben sie ihm beide Raucherbeine amputiert. Er ist so klein geworden wie ein Kind. Die beiden Frauen, die mit ihm in seiner Wohnung wohnen, tragen ihn in dem Korb morgens hinaus und abends hinein. Bei Regen spannen sie einen Schirm über ihm auf. Er stinkt, behaupten sie.
„Stirbst du?", frage ich.
Er lacht und zündet sich eine Zigarette an. Er trägt Windeln und stinkt wirklich.
„Morgen bekomme ich einen Spezialrollstuhl", sagt er.
„Das ist schön", sage ich. „Glückwunsch."
„Und dann", sagt er, „fängt ein neues Leben an."

Wir stehen um ihn herum und wissen nicht, ob wir ihm von seinem letzten Wunsch erzählen sollten. Wir wissen nicht, wie wir ihn erfüllen können.

Wir essen Butterstolle. Die beiden Frauen haben sie aus dem Keller geholt. Es ist die letzte Stolle von Weihnachten.
„Wir backen immer so viel, dass es genau bis zum 9. Juni reicht", sagt die eine Frau. Sie tippt auf einen Wandkalender mit einem Bild des Elbsandsteingebirges. Heute ist der 9. Juni. Ich glaube nicht, dass sie meine Mutter ist. Sie spricht nicht sächsisch. Sie rollt das R.
„Ich komme aus Russland", sagt sie. „Ich bin Russlanddeutsche. Eure Mutter hat mich engagiert. Sie schafft es nicht allein."
„Danke", sagt Erster. „Danke für alles."
Die Russlanddeutsche lacht ihn an.
Erster sagt: „Gibt es noch den Schuppen, in dem ich mein Spielzeug vergraben habe?"
„Ach, der Schuppen", sagt die Russlanddeutsche und zieht Erster mit sich.
Die andere Frau lacht, ohne dass jemand etwas gesagt hat. Ich glaube nicht, dass sie meine Mutter ist. Sie ist auch nicht die Mutter meiner Brüder. Sie ist eine weitere Frau meines Vaters. Meine anderen Brüder stopfen sich Stolle in den Mund und trinken Kaffee, solange die Stolle noch im Mund ist. Zweiter sagt, so muss man in Sachsen Stolle essen. Alles muss im Mund ein Brei sein.
Ein Polizist klopft an die Tür. Er fragt, wem der gelbe Sportwagen gehört.

Erster sagt, es sei sein Wagen. „Wir haben leider die Papiere in Berlin vergessen", sagt er.
„Wer ist wir?"
„Meine Brüder. Zweiter und Dritter. Vierter gehört nicht dazu", sagt er. „Der hat eine andere Mutter."
Der Polizist guckt Lava an. Lava sagt, sie sei nur zufällig dabei.

Der Polizist behauptet, die Banane sei ein gestohlenes Auto. „Schon vor sechs Wochen ist es als gestohlen gemeldet worden."
Erster sagt, wie es wirklich war. „Wir haben das Auto gewonnen, weil wir den Besitzer besiegt haben." Aber er sagt nicht, dass ich es war, der Dicky besiegt hat.
Es nützt nichts, denn Dicky war nicht der Besitzer.
Meine drei Brüder müssen in den Polizeiwagen steigen.

Lava sagt: „Wir müssen uns beeilen." Ich sehe dem Polizeiwagen nach.
Lava sagt: „Wir brauchen Vorsprung. Deshalb habe ich nichts gesagt."
„Sie hätten dir auch nicht geglaubt."
Ein anderer Polizist steigt in die Banane. Er startet den Motor. Die Gänge krachen.
„Wozu brauchen wir Vorsprung?"
„Wegen Dicky."
„Was sollen wir mit ihm tun?"
„Er muss bearbeitet werden", sagt sie. „Für das Verhör. Er muss den Diebstahl gestehen."
„Und wenn er nicht will, wie wir wollen?"
„Dann bringst du ihn um."

Wir heben den Korb an. Wir tragen meinen Vater über den Hof in den Garten. „Pass auf deine Brüder auf", sagt er.
„Ja", sage ich, „ich kümmere mich um sie."
Er will neben den Fleißigen Lieschen abgesetzt werden, weil da keine Bienen sind.
„Deine Brüder sind nicht wirklich schlecht", sagt mein Vater. „Ich hab gesehen, wie Erster mit der Russin aus dem Schuppen kam. Ich habe mich in ihm getäuscht."
„Auf Wiedersehen, Vater", sage ich.
„Vielen Dank", sagt mein Vater zu Lava und reicht ihr die Hand.
„Wofür?"

„Solange ich noch Hände habe."
Er beugt sich aus dem Wäschekorb, um an den Fleißigen Lieschen zu schnuppern. „Sie riechen nicht", sagt er. „Das ist der Vorteil."
Lava zieht mich mit sich. „Warum hat euch dein Vater damals aus dem Haus gejagt?"
„Schwule Bande hat er zu uns gesagt."
Sie lacht.
„Na ja, wir machen uns nichts aus Frauen."
„Und Erster und die Russin?"
„War nur Show für Vater. Du weißt schon: letzter Wunsch."
„Küss mich", sagt Lava.

Erklärungsnot

Ich liege in meinem neuen Wasserbett und sehe direkt in die Mündung der Waffe. Selbst im Dämmerlicht meines Schlafzimmers erkenne ich das matte schwarze Metall. In den Lauf einer Pistole zu blicken macht mich nicht gleich nervös. Es ist mir schon ein paar Mal passiert. Außerdem reinige ich meine Pistole regelmäßig, kneife dann ein Auge zu und sehe in den Lauf. Ganz normal.
Die Waffe, in die ich blicke, ist allerdings geladen. Und was mich verunsichert, ist, dass die Pistole in der Hand meines besten Freundes liegt. Er kennt sich mit Waffen nicht so gut aus.
„Ich wusste es", sagt mein bester Freund. Seine Stimme klingt, als wäre der Rachen mit schwarzen Erdkrumen gefüllt. Er steht direkt am Kopfende meines Wasserbettes. Es bewegt sich leicht. Die Pistole ist mir jetzt so nah, dass ich die Ausstrahlung des kühlen Metalls auf meiner schweißigen Haut spüre.
„Beruhige dich", sage ich. Wenn er es gewusst hat, warum hat er es dann dazu kommen lassen? Warum ist er dann in das Zimmer gestürmt? Warum regt er sich überhaupt auf?
Ich komme langsam vom Kissen hoch, stütze mich auf meine Hände. Das Wasserbett schlägt Wellen. Der Lauf der Pistole folgt der Bewegung, zielt direkt auf meine Stirn. Ich habe nicht viele Möglichkeiten, auszuweichen. Ich neige den Kopf etwas zur Seite, um die Stellung des Abzugshahns zu erkennen. Es kommt genug Licht von einer Straßenlaterne durch das offene Fenster. Wie ein Seestern saugt sich seine Hand an der Waffe fest. Der Hahn ist nicht gespannt. Ein Schuss kann sich also nicht so leicht lösen.
„Du verdammter Schweinehund." Sein Atem zischt, ist Schwefel in der heißen Luft. Die nassen Flecke auf seinem T-Shirt gewinnen die Gestalt von einander beißenden Hunden.

„Langsam, langsam", sage ich. „Es ist nichts passiert."
Immer wenn ich so direkt in die Mündung einer Waffe sehe, kitzelt es mich im Inneren meines Körpers. Ich versuche es zu unterdrücken. Aber es perlt in mir. Kleine Gasbläschen, die sich in der Lunge sammeln, mich leicht machen. Ich denke, sie haben ihren Ursprung zwischen Hoden, Leber und Magen. Drei Dinge, die mein Leben bestimmen. Sex, Trinken und Essen. Es hat also gar keinen Sinn, dass mein bester Freund auf meine Stirn zielt. Dort kann er mich nicht entscheidend treffen, nur töten.
„Es sieht nur so aus, als ob", sage ich. „Nur Theater."
Der Lauf der Pistole zittert ein bisschen. Wenn man es nicht gewohnt ist, mit ausgestrecktem Arm eine Waffe auf jemanden zu richten, dann fangen die Muskeln an zu zittern.
„Wir haben es nicht getan", sage ich.
Ich fixiere die Mündung der Waffe und spüre das Lachgas hochkommen. Meine Lunge bläht sich. Ich muss die Luft aus der Nase herauslassen. Es zuckt in meinen Mundwinkeln. Ich bemühe mich, die Lippen stramm zu halten. So richtig gelingt es mir nicht. Die Luft entweicht druckvoll aus meiner Nase. Etwas Rotz folgt und bildet eine Schleimblase, die langsam meine Oberlippe herunterläuft. Das Bett schwankt jetzt auch seitlich.
„Ich knall dich ab", sagt mein bester Freund.
„Lass mich die Sache doch erklären." Ich presse die Lippen aufeinander, richte mich etwas auf, um über Korn und Kimme hinweg in seine Augen zu sehen. Er zielt gar nicht richtig. Kimme, Korn und Auge sind nicht in einer Linie. Müssen sie bei der kurzen Entfernung zu meiner Stirn auch nicht sein. Es dürfte schwerfallen, daneben zu schießen.
„Es ist alles ganz anders", sage ich.
Die Waffe, in deren Lauf ich blicke, ist eine Sig Sauer. Genau die gleiche, mit der unsere Polizei ausgerüstet ist. Acht Patronen sind da normalerweise drin. Diese Pistole hat nur noch sechs. Ich weiß das so genau, weil es meine Pistole ist. Ich habe die Waffe einem Polizisten geklaut und seitdem regelmäßig entla-

den, auseinandergenommen, geputzt, geölt und wieder zusammengesetzt. Sechs Schuss nur noch. Der Polizist hatte wahrscheinlich zwei Schüsse abgegeben, so wie es Vorschrift ist. Den ersten in die Luft zur Warnung, den zweiten gezielt auf die Beine. Ich erinnere mich nicht mehr so genau. Auf jeden Fall hat er nicht getroffen.

„Ich mach dich fertig", spuckt mein bester Freund die Worte aus. Ein Tropfen landet auf meiner Wange. Vielleicht ist es auch Schweiß.

„Komm, beruhige dich", wiederhole ich. „Ich habe nichts getan. Es sieht nur so aus, sollte so aussehen. Dies ist eine Inszenierung. Du solltest glauben, es wäre geschehen. Verstehst du? Es ist nichts passiert."

Ich betrachte die dunkle Mündung der Pistole. Ich weiß, wenn der Hahn nicht gespannt ist, braucht man mehr Kraft, den Abzugshebel durchzuziehen. Beim ungeübten Schützen führt dieses meist zu einer größeren Abweichung vom Ziel. Und das Ziel, also ich, hat eine geringe Chance, auszuweichen, wenn die Entfernung groß genug ist. Im Augenblick sind es aber nur etwa zehn Zentimeter. Ich könnte mich damit trösten, dass mein bester Freund ein ungeübter Schütze ist. Er hat immer abgewinkt, wenn ich ihm die Pistole erklären wollte. Brauch ich nicht, hat er gesagt. Totale Fehleinschätzung, wie man sieht.

Ganz langsam, sodass er es möglichst gar nicht mitbekommt, versuche ich zurückzuweichen. Ich biege meinen Oberkörper nach hinten. Es gelingt mir, auf diese Weise die Entfernung zwischen meiner Stirn und dem Pistolenlauf auf etwa zwanzig Zentimeter zu vergrößern. Das reicht aber nicht. Denn ich hab die Waffe ein bisschen umgebaut. Wenn er einmal abdrückt und nicht loslässt, kommen alle sechs Schuss hintereinander. Selbst wenn ich dem ersten ausweiche und er davon überrascht ist, dass die anderen fünf Kugeln automatisch folgen, ist die Wahrscheinlichkeit groß, getroffen zu werden.

Ich lasse den Lauf der Pistole nicht aus den Augen und versuche noch weiter zurückzuweichen. Das Wasserbett gibt unter mir nach. Ich beginne zu schwanken.

„Bleib liegen", brüllt mein bester Freund. Sein Mund hat eine seltsame Form, ist schief, als hätte er einen einseitigen Schlaganfall.
Ich fixiere das Mündungsloch mit einem zugekniffenen Auge. Bei dem richtigen Licht könnte ich vielleicht erkennen, ob sich eine Patrone im Lauf der Waffe befindet. Wenn ein gebündelter Lichtstrahl direkt in die Mündung fällt, müsste sich die Bleikugel doch vom dunkleren Stahl abheben. Ich hätte das längst einmal ausprobieren sollen. Diese Nachlässigkeit rächt sich jetzt. Es kann gut sein, dass erst noch durchgeladen werden muss. Normalerweise mache ich das sofort nach der Reinigung, weil die Waffe immer schussbereit sein soll. Aber ich kann es ja auch mal vergessen haben. Im Augenblick erinnere ich mich nicht mehr an den Vorgang. Wahrscheinlich habe ich nach der letzten Reinigung die Pistole nicht durchgeladen. Sonst wüsste ich es ja.
„Du verdammter Drecksack hast mich betrogen." Mein bester Freund schüttelt den Kopf. Ein Anfängerfehler. Wenn man ein Ziel genau treffen will, sollte man sich selbst nicht bewegen.
„Du siehst das alles falsch", antworte ich inzwischen mit fester Überzeugung, dass keine Patrone im Lauf ist. „Es ist wirklich nichts geschehen."
„Halts Maul", sagt er.
„Lass mich die Sache erklären."
„Was gibt es da zu erklären?" Er atmet schwer, geht neben meinem Bett auf die Knie und drückt die Mündung der Pistole direkt auf meine Stirn. Das Metall ist angenehm kühl wie ein Stück Eis auf meiner Haut.
„Seht euch beide an", brüllt er. „Wie willst du das erklären?"
Ich bin nackt, und seine Freundin hinter mir ist es auch. Nicht einmal ein Betttuch bedeckt uns. An einigen Stellen kleben unsere nassen Körper noch aneinander. Es ist Hochsommer. Die Hitzewelle hat ihre feuchte Zunge bis in mein Schlafzimmer gestreckt.
„Komm, begreif doch, es ist nicht so, wie es aussieht", sage ich. „Ist nur eine Show für dich."

Ich beobachte einen Schweißtropfen auf seinem Gesicht. Er läuft über die Wange wie eine Träne.
„Er hat mich gezwungen", sagt seine Freundin. Der Klebefilm zwischen unserer Haut reißt. Das Bett schaukelt immer mehr.
„Sie lügt, weil sie Angst hat", sage ich. „Sie hat mich zu dieser Sache überredet. Sie hat gesagt, es müsste so aussehen, als wenn sie dich betrügt. Sie hat gesagt, nur dann würdest du dich von ihr trennen. Sie wollte dich loswerden. Verstehst du? Und weil sie so gebettelt hat ..."
„Halt dein Maul", schreit mein bester Freund. „Und keine Bewegung!"
Das Wasserbett gibt keine Ruhe.
„Glaubst du wirklich, du hättest uns sonst überraschen können?", frage ich. „Denk doch mal nach!"
Wenn die Waffe wirklich geladen ist und er tatsächlich schießt, bin ich tot und seine Freundin auch. Die Kugel wird meine Stirn durchschlagen, mein Gehirn wird dem Blei kaum Widerstand entgegensetzen, die Kugel wird hinten wieder herauskommen, ein großes Loch hinterlassen und noch immer genug Durchschlagskraft haben, um in ihren Kopf einzudringen. Peng, zwei auf einen Streich. Doppelgrab. Zweimal lebenslänglich.
Wieder läuft ihm ein Tropfen über seine Wange, bleibt am Kinn hängen und fängt ein wenig Licht ein.
„Leg schon die Pistole weg", sage ich. „Die Hitze macht uns alle verrückt."
Seine Freundin stemmt sich jetzt auf die Ellbogen. Das Bett wölbt sich unter mir. Es tröstet mich, dass sie auch hinüber ist, wenn er abdrückt. Ich stelle mir vor, wie die Kugel mit einem Rest meiner Gehirnmasse in ihr Gehirn eindringt. Eine Art Superorgasmus. Aber wahrscheinlich nur bei ihr.
Er nimmt die Pistole ein Stück zurück. Der Lauf schaukelt. Vielleicht geht die Kugel durch uns beide hindurch und dann auch noch durch das Plastik des Wasserbettes. Das wird eine riesige Schweinerei.
„Warum?", sagt mein bester Freund. „Warum?"
Ich blicke über den Lauf meiner Pistole hinweg. Seine Schweiß-

tropfen sind doch Tränen. Oder beides. Wer weint, schießt nicht.
„Du kannst beruhigt sein, es ist nur eine Show", sage ich. „Wir haben es wirklich nicht getan."
Er schüttelt den Kopf. Ich komme noch ein Stückchen höher, weil sich auch seine Freundin hinter mir aufrichtet. Das Wasserbett schlägt höhere Wellen.
„Du sollst dich nicht bewegen!" Der Atem meines besten Freundes rasselt. Über sein Gesicht kriechen viele Falten. Sie haben den verformten Mund als Ziel. Sein Seesternfinger kriecht über den Abzugshahn.

Lass mich nachdenken

„Komm runter." Sonne steht unten am Zaun und rüttelt mit beiden Händen an den Holzlatten. Von oben wirkt er dicker, aufgeblasen.
Ich stehe auf der Leiter. Die Regenrinne ist wieder mal undicht.
„Lass das sein", rufe ich. Der Zaun ist auch morsch.
„Ich hab was für uns", ruft Sonne. Er hebt einen Schlüsselbund in die Höhe und klappert damit.
Beim letzten Regen kam es wie ein Bullenstrahl aus der Regenrinne. Aber jetzt finde ich das Loch nicht. Die Rinne liegt voller Laub vom letzten Jahr.
Ich klettere runter. Sonne kaut auf etwas, und er reicht mir den Schlüsselbund. Drei Schlüssel.
„Was isst du da?", frage ich.
„Ist doch egal."
Am Schlüsselbund hängt eine Adresse. Walsrode heißt der Ort.
„Wo ist denn das?"
„Ist doch egal", sagt Sonne. „Guck mal, der eine Schlüssel da, das ist ein Safeschlüssel. Und wo ein Safe ist, ist auch Geld." Er klopft sich mit dem Finger gegen den Kopf. „Ist doch klar."

Sonne kommt von Sohnemann. Sonnemann, sagt seine Mutter zu ihm. Bei der wohnt er noch. Mit über vierzig. Vielleicht liegt es daran, dass er sich schnell mal verletzt und seine Mutter immer Pflaster im Haus hat.
Sonne erzählt mir, dass er die Schlüssel auf dem Postamt gefunden hat. Er kaut immer noch auf etwas herum.
„Was kaust du da?", frage ich.
„Mein Geheimnis", sagt er. „Ist super fürs Gehirn."
Wir fahren zu Langer. Ohne Langer machen wir nichts. Mit Langer wirken wir seriös.

Langer ist nicht zu Hause. Wir finden ihn an Uschis Imbiss. Wenn jemand von uns dreien nicht zu Hause ist, steht er garantiert bei Uschi am Imbiss.

Langer sieht aus, als käme er aus einem klassischen Konzert. Er trägt einen dunklen Anzug mit weinroter Fliege. Er verbeugt sich leicht, als er uns sieht. In seinem Aufzug könnte er auch der Dirigent bei dem Konzert gewesen sein.

„Hatte ein Date", erklärt er. „Tolle Frau, kommt aus Delitzsch. Zieht vielleicht bei mir ein."

Er gibt Anzeigen auf, um Frauen seine Wohnung zu zeigen. Er glaubt, dadurch eine Partnerin zu finden. Die Wohnung sei der Leim, behauptet er immer. Aber es klappt nie. Nicht mal als Untermieter wollen die zu ihm. Ich glaube, es liegt an seiner Gesichtsfarbe. Käse, dänischer Schnittkäse.

„Was kaust du da?" Uschis vor Missgunst krummer Zeigefinger deutet auf Sonne.

„Currywurst ist es nicht", sagt Sonne und streckt die Brust raus. Bei Uschi hat er sowieso keine Chance. Dann zeigt er Langer den Schlüsselbund. Langer weiß sofort, wo Walsrode liegt. Da hat er mal eine tolle Frau kennengelernt. Er sieht zur Uhr. „Das schaffen wir noch. Sind wir sogar zur Tagesschau wieder zurück."

Auch unterwegs auf der Autobahn will Sonne nicht sagen, was er da ständig kaut. „Mist", sagt er plötzlich. „Was ist, wenn jemand zu Hause ist?"

Es stimmt. Wir sind alle davon ausgegangen, dass wir in ein leeres Haus kommen, den Safe ausräumen und sofort wieder davonfahren.

„Wenn wir warten müssen, schaffen wir es nicht rechtzeitig zurück", sagt Langer. An der nächsten Raststätte telefoniert er und sagt eine Verabredung ab.

Auch Sonne ruft seine Mutter an, sie soll nicht mit dem Abendessen warten.

„Was seid ihr denn für Gangster?", frage ich. Ich wohne allein auf dem Resthof meiner Eltern, aber die sind schon lange tot.

Und ich füttere nur jedes Jahr ein Schwein durch. Da hat es keinen Sinn, anzurufen. Obwohl ich das Gefühl habe, das Schwein redet manchmal mit mir. Aber ans Telefon geht es nicht.
Wir sind tatsächlich richtige Gangster. Und gar nicht so schlecht. Wir haben sogar schon mal eine Bank überfallen. Aber das Geld aus der Bank ist gleich bei der Flucht draufgegangen.
„Du kannst froh sein, dass mir das noch eingefallen ist." Sonne sieht mich mit herabgezogenen Mundwinkeln an. „Und das liegt an dem, was ich kaue. Hilft dem Denken auf die Beine."
Er lässt seinen Kopf wippen.
„Zeig mal deine Zunge", sagt Langer. Sonne presst die Lippen aufeinander. „Bleibt mein Geheimnis", sagt er aus schmallippigem Mund.

Auf der Weiterfahrt verrät Sonne dann doch, was er regelmäßig aus der Jackentasche holt und in den Mund steckt. Es sind Stücke einer getrockneten Ginsengwurzel.
„Überdosis", erklärt er. „Wegen der Sofortwirkung."
Ich habe schon mal davon gehört. Und Langer kannte mal eine Frau, die cremte sich damit ein. Oder sie machte so etwas Ähnliches damit. Er weiß es nicht genau. Sonne erzählt, dass er es einem Typen abgekauft habe, den er von früher kennt. Mit früher meint er meist das Gefängnis. Da war er mal drin. Ein Zeuge hatte ihn bei einer Schlägerei verwechselt. Er kam wieder frei. Wir beneiden ihn ein bisschen um den Knast.
„Ihr kennt den auch", sagt er. „Der steht oft auf der Titelseite der Zeitungen. Wenn einer mit Banküberfällen Geld macht, dann der."
Wahrscheinlich würde Sonne jetzt noch mehr aus seiner Gefängniszeit erzählen, da drinnen muss es toll sein. Aber in diesem Moment erreichen wir das Autobahndreieck Walsrode. Jetzt müssen wir aufpassen, um die Adresse zu finden.

Wir kommen an einem Hinweisschild zu einer Farm vorbei, auf der es Ginseng gibt. Ich dachte, das gäbe es nur in Asien.
„Was für ein Zufall", sagt Langer. Er lacht und sagt, da sei Son-

ne ja genau richtig. Sonne schüttelt den Kopf und brummt. Dabei ist sein Ginseng alle. Wir haben so lange gedrängelt, bis er jedem von uns was abgegeben hat. Es schmeckt ein bisschen bitter. Ich glaube, es wirkt, denn mir kommt der Verdacht, Schlüssel und Ginseng gehören zusammen.
„Sag mal, Sonne", ich ziehe die Worte lang, damit es unverdächtig klingt. „Den Ginseng hast du doch von dem Typen gekauft, der dir auch den Schlüssel verkauft hat?"
Sonne presst die Lippen zusammen.
„Halt mal an", sagt Langer. Sonne fährt rechts ran. Langer hält ihm die Faust unter die Nase.
„Beruhigt euch", sagt Sonne. „Es war so: Er hatte selbst keine Zeit, nach Walsrode zu fahren, deshalb hat er mir den Schlüssel gegeben. Versteht ihr, er war doch auf der Flucht. Deshalb hat er mir den Safe überlassen. Sollte ich das ausschlagen?"

Wir kurven durch die Dörfer, die zu Walsrode gehören.
„Die Adresse gibt es nicht", sagt Langer.
„Wie viel hast du für den Schlüssel bezahlt?", frage ich.
„Nur dreihundert." Sonne knirscht mit den Zähnen. Er schwitzt auf der Stirn.
„Und es war ein guter Kumpel von früher?", fragt Langer.
Sonne nickt. „Er wollte tausend dafür."
„Tausend, ist das nicht viel zu wenig?", fragt Langer.
„Ich hab ihn runtergehandelt auf die Hälfte. Und weil wir uns von früher kannten, hat er dann noch Rabatt gegeben. Auf die alten Zeiten. Außerdem hatte er das Geld nicht nötig. Er hat mir seine Reisetasche gezeigt. Voller Scheine."
Langer sammelt Spucke im Mund. „Lass mich raten", sagt er, „Dreihundert, mehr hattest du auch gar nicht?"
Sonne nickt.
Langers Augen werden schmal. Irgendetwas sammelt sich in ihm. Es färbt seine Haut dunkelgelb. Alter holländischer Gouda. Dann spuckt er ein Schimpfwort nach dem anderen aus. Sonne schrumpft hinter dem Steuer.
„Halt", unterbreche ich. „Da ist es."

Es gibt das Haus wirklich. Es ist groß, brüstet sich vor lauter Reichtum. Es steht am Rande einer Siedlung und hat ein Gesicht. Strenge Fenster blicken auf uns herab, und der Eingang bleckt die Zähne mit seinen Säulen.

Wir fahren an der Villa vorbei, wenden und kommen langsam zurück. Wir parken davor. Langer hat die passende Kleidung an, falls jemand zu Hause ist. Er steigt aus, glättet seinen Anzug mit den Händen, zupft sich die Fliege gerade und geht zum Eingang. Er klingelt. Es öffnet niemand.
Wir fahren die Gegend ab, um den Wagen etwas entfernt zu parken und einen Weg durchs Gelände zu finden. Dann nähern wir uns der Villa von hinten. Sonne sticht sich beim Überklettern eines Zaunes einen Dorn in den Daumen.
Die Villa hat einen großen Garten mit Swimmingpool. Sonne und Langer warten auf der Terrasse. Ich schleiche nach vorn. Die Schlüssel passen. Schnell ziehe ich die Tür wieder hinter mir zu und lausche einen Augenblick. Alles ist ruhig. Ich sehe mich nach Alarmanlagen um. Aber da ist nichts, jedenfalls nichts, was man sehen kann. Ich gehe direkt nach hinten und öffne die Schiebetür zur Terrasse.
„Los! Und nichts anfassen, nur den Safe suchen", zischt Langer. „Wahrscheinlich ist er in eine Wand eingebaut."
Er hat ein paar weiße Handschuhe dabei. Für sich selbst nimmt er den rechten. Ich kriege den linken. Sonne kriegt keinen. „Nimm den Ellbogen", sagt Langer zu ihm, „wenn du eine Tür öffnen willst. Handschuhe sind nur was für Dumme und Vergessliche." Er senkt den Kopf und sieht mich unter seinen Augenbrauen hervor an. Ich überlege, was ich auf meinem Weg schon alles angefasst habe. Dann gehe ich zurück und poliere die Türgriffe. Die anderen machen sich auf die Suche. Sonne geht in den ersten Stock. Bald stößt er einen Pfiff aus. Er kommt zum Treppenabsatz gelaufen, stolpert an einer Teppichkante und schlägt lang hin. Ich springe die Treppe hinauf. Langsam setzt sich Sonne auf, probiert seine Gelenke. Dann zieht er ein Hosenbein hoch. Das Knie ist aufgeschürft und blutet.

„Sonnemann, was ist?", frage ich. „Brauchst du ein Pflaster?"
„Der Safe ist im Schlafzimmer", stöhnt er.
Im Schlafzimmer ist alles rot. Rote Möbel, rote Gardinen, ein großes rotes Himmelbett mit Bergen von roten Kissen. Sonne humpelt hinter mir her. Der Safe ist wie in einem Film hinter dem Bild einer nackten Frau versteckt.
Der Safeschlüssel passt. Langer kommt langsam die Treppe herauf. „Ihr braucht den Safe nicht zu öffnen", ruft er laut. „Es ist nichts mehr drin. Aber dafür liegt eine Leiche in der Küche."

Langer hat sich aufs Bett gelegt, die Kissen um sich dekoriert, die Hände auf dem Bauch gefaltet und die Augen geschlossen. Er sieht tot aus, wie aufgebahrt. Seine Gesichtshaut ist Harzer Käse. Ein bisschen riecht er auch so.
Sonne leiht sich den weißen Handschuh von mir, dann untersucht er das Innere des Safes. Er klopft die Metallwände nach Hohlräumen und verborgenen Mechanismen ab. Aber da ist nichts.
„Dein alter Freund hat dich reingelegt", sagt Langer, ohne die Augen zu öffnen. „Er hat die Frau da unten umgebracht und das Geld mitgenommen. Und wir sind jetzt diejenigen, die die Spuren hinterlassen. Schöne Bescherung."
Sonne laufen Schweißperlen aus dem Haaransatz.
Ich will mich in den anderen Räumen etwas umschauen. Vielleicht gibt es noch ein paar Wertsachen.
„Und du fasst nichts an", faucht Langer hinter mir her.
Ich bleibe auf dem Treppenabsatz stehen. Von unten kommen Geräusche. Jemand stöhnt.

Die tote Frau hat sich aufgerichtet, sitzt auf dem Fußboden und lehnt mit dem Oberkörper an einem Küchenschrank.
„Wer seid ihr?", fragt sie.
„Wir kamen gerade vorbei. Die Tür stand weit offen", sage ich.
Sie stöhnt, reibt sich den blutigen Kopf. Sie betrachtet ihre Hände und flucht. „Der Kerl hat mich niedergeschlagen. Dieser elende Schurke."

Sie richtet sich ganz auf, hält sich an der Spüle fest, greift nach einem Handtuch und wischt sich das Blut von den Händen und aus dem Gesicht.
„Wie lange habe ich hier gelegen?", fragt sie. Sie sieht uns an. Wir heben die Schultern.
„Wir sind nur zufällig am Haus vorbeigekommen", wiederholt Sonne. Er humpelt zu einem Stuhl und betrachtet noch einmal sein Knie.
„Und dann ist uns die offene Tür merkwürdig vorgekommen", ergänzt Langer. Er verbeugt sich. „Wir sind nur Touristen."
„Auf der Suche nach der Ginseng-Farm", sage ich. „Sie wissen ja, es hilft beim Denken."
Die Frau sieht mich an. Das Blut im Gesicht geht nicht ab. Es ist schon angetrocknet. „Dieses verdammte Schwein", sagt sie, „wollte mich linken. Und schlägt mich nieder. Dachte wohl, ich bin tot, was?"
„Sollen wir die Polizei rufen?", fragt Langer.
„Spinnt ihr?" Sie runzelt die Stirn. „Was ist mit dem Safe?"
„Leer", sagt Sonne. Langer sieht ihn strafend an.
„Dieses Schwein", sagt sie. „Die ganze Beute wollte er für sich."

Langer steht an der Badezimmertür und saugt die Luft ein. „Die ist doch nett", sagt er. „Die nehmen wir mit. Der zeige ich mal meine Wohnung. Das wird sie beeindrucken."
„Dein Kumpel von früher", sage ich zu Sonne, „der raubt den Safe aus, will nicht teilen und versucht deshalb auch noch seine Partnerin umzubringen, und dir verkauft er dann den Schlüssel. Ist ja super. Der ist wirklich einer von den ganz Großen."
„Halts Maul", sagt Sonne. „Ich muss nachdenken."
„Ach, worüber?"
„Wie wir Gewinn aus der ganzen Sache ziehen."
„Ist doch klar. Wir suchen deinen Kumpel, nehmen ihm das Geld weg. Das teilen wir beide unter uns. Langer kriegt dafür die Frau."

Die Frau streckt den Kopf aus der Badezimmertür. Sie ist nackt. Ihre Haare sind nass. „Wischt ihr bitte schon mal das Blut in der Küche auf. Ich bin gleich so weit."

Sonne fährt direkt zu der Ginseng-Farm. Er braucht Nachschub. Es gibt ein Café. Die Frau geht aufs Klo. Sonne humpelt noch immer. Er kauft den Ginseng diesmal in Pillenform. Am Tisch nimmt er gleich vier Stück auf einmal.
„Überdosis", sagt er. „Ich glaube nämlich, ich habe da eine Idee."
Wir trinken Kaffee. Sonne denkt und reibt sich das Knie.
Die Frau kommt nicht zurück.
„Ich muss mal raus", sage ich. Ich gehe bis zum Parkplatz und sehe gerade noch, wie die Frau zu einem dicken Mann in einen offenen Sportwagen steigt. Sie winkt mir und grinst, als wäre sie ein Bild auf einem Geldschein.
„Sie ist weg", sage ich, als ich zurückkomme.
„Ich verstehe das nicht", sagt Langer. „Ich biete ihr alles, was ihr fehlt, aber sie will nicht mal die Wohnung sehen. Verstehst du das?"
Sein Gesicht ist wieder heller, hat etwa die Farbe von Emmentaler.
„Die war doch nur hinter dem Geld her", sage ich. „Du kannst froh sein, dass sie weg ist."
„Funktioniert", sagt Sonne. Er tippt mit dem Zeigefinger auf die Ginseng-Packung. „Ich glaube, ich hab es jetzt. Ihr kennt doch Edu vom Schlüsseldienst im Einkaufszentrum?"
Wir nicken. Sonne legt den Schlüsselbund auf den Tisch.
„Sagen wir mal, Edu macht uns fünfzig Stück davon. Bei der Menge, denke ich mal, zehn Euro pro Schlüsselbund. Mehr kann er nicht nehmen. Und wir, wir verkaufen jedes für tausend. Begreift ihr? Nur fünfzig Stück, die haben wir doch problemlos in einer Woche verkauft. Macht zusammen fünfzigtausend. – Na, was sagt ihr dazu? Wir werden reich."

Der Chef

Ich bin ihr auf einer der Felstreppen zum Oberland begegnet. Ich kam von unten. Zuerst gerieten nur ihre nackten Füße in meinen Blick. Ihre Zehen waren kleine Würmer. Mit hoher Beweglichkeit wuchsen sie aus einem breiten Knochen. Schnell senkte sie den Vorhang ihres Rocks. Bleiches Blau.
Sie ging vorbei und drehte sich um. Ihre Augen ein bleiches Blau. Meine Hand verfehlte das hölzerne Geländer, griff ins Leere. Ich stürzte, überschlug mich und lag am Ende der Treppe mit schmerzenden Knien und Ellbogen vor ihr.
Die von den Baugerüsten gestohlenen Schrauben für unser Bohrgestänge hüpften aus meinen Taschen, sprangen um mich herum. Flöhe. Sie lachte und stieg über mich hinweg.

Wir sind fünf. Wir bohren nur montags. Wir sind sicher, dass es der richtige Tag ist. Mit einem Montag hat die Welt angefangen. Von morgens bis abends bohren wir ein Loch in einer schmalen Senke. Diese Arbeit haben wir uns selbst ausgedacht. Je nach unserer Tätigkeit haben wir uns neue Namen gegeben: Drehwurm, Klopfer, Schmierer und Schrauber. Ich heiße Dieb. Ich besorge die notwendigen Werkzeuge.
Unsere Idee ist, so lange zu bohren, bis uns der Chef nicht mehr übersehen kann. Wir glauben, er kommt nur an einem Montag. Wir können uns nicht vorstellen, dass er an einem anderen Tag seine Kontrolle macht. Wenn er vor uns steht, wollen wir ihm unsere Fragen stellen.
An den ersten Montagen hat sich niemand um uns gekümmert. Heute steht plötzlich ein Bauer am Rand der Senke und sieht uns zu. Nach einer Weile stemmt er die Arme in die Hüften und zieht den Schleim durch die Nase hoch. „Was macht ihr da?"
„Ach, wir bohren", sagt Drehwurm. „Nur so."

Drehwurms Kopf schaukelt auf seinem Hals wie bei einem gefangenen Tier. Der Bauer nickt.
Schmierer wirft mir einen Blick zu. „Es funktioniert", murmelt er.
Der Bauer geht wieder. Vielleicht holt er den Chef.
Doch den ganzen Tag kommt niemand mehr. Manchmal fürchten wir, der Chef ist tot. So lange haben wir nichts mehr von ihm gehört.
Am Nachmittag balanciert ein alter Mann am Rand entlang. „Gut macht ihr das", sagt er.
Wir stellen uns vor, wenn wir tief genug gebohrt haben, bricht Licht aus unserem Bohrloch. Dann muss der Chef kommen. Das kann er nicht zulassen.

Jeden Montag gehe ich bei meiner Suche nach Metallteilen zweimal zur Treppe zum Oberland. Wenn jemand kommt, tue ich so, als würde ich die Stufen kontrollieren.
Erst am dritten Montag begegne ich ihr wieder. Ich blicke nur auf den Vorhang vor ihren Füßen. Er hebt sich nicht. Er fegt die Stufen.
„Nicht fallen", sagt sie.
Ich schüttle den Kopf und bleibe stehen. Sie tritt auf den Saum des Vorhangs, schwankt, krallt eine Hand in meine Schulter. Trotzdem will sie fallen. Ich greife nach ihrer Hüfte.
Ihre Haut hat sich gerötet. Wir sitzen gemeinsam auf der untersten Stufe.
„Die Füße", sage ich. „Ich möchte deine Füße sehen."
Sie neigt sich, zupft an ihrem Rocksaum, dehnt den Stoff. „Nein. Sie sind hässlich."
„Sie sind hübsch."
„Nein", sagt sie.
„Aber ich hab doch etwas gut."
Sie schüttelt den Kopf. „Ich bin die Frau des Chefs!"

Schmierer gießt Wasser in das Bohrloch. Dann hebt er den Kopf, schnuppert unter seinem Arm.

„Wenn der Chef nah ist, dann hat er uns wahrscheinlich gerochen", sagt er. „Wir stinken."
„Wir müssen schneller bohren", sagt Drehwurm. Er zieht mit aller Kraft an dem Seil, das um die Bohrstange gewunden ist. Der Bohrer dreht sich, knirscht. Klopfer steht oben auf einem Baumstamm, der von einer Seite der Senke zur anderen reicht. Rhythmisch schlägt er mit einem Hammer auf die Bohrstange. Der Bohrer bleibt stecken.
„Wenn er uns bemerkt hat, könnten wir doch aufhören", sagt Schrauber. Er rüttelt an der Bohrstange, bis sie wieder frei ist, und zieht sie heraus. Ich fädele den Messfaden in das Loch. Er hat als Gewicht einen kleinen Stein und in Abständen von einem Meter einen Knoten. Fünf Komma Fünf.
„Woher weißt du überhaupt, dass der Chef in der Nähe ist?", fragt Klopfer.
Ich hebe die Schultern. „Nur ein Gefühl", sage ich. Wenn ich ihnen die Wahrheit sage, würden sie am nächsten Montag mitkommen wollen, um die Frau des Chefs zu sehen.
„Ich will ja nur", sage ich, „ dass ihr euch eure Frage überlegt."
Jeder hat nur eine Frage an den Chef. Man trägt sie sein Leben lang mit sich – bis er kommt.

„Nicht schon wieder die Füße", sagt die Frau des Chefs. Es ist Montag, sie hat auf mich gewartet, sitzt auf der unteren Stufe der Treppe. Der Rock wirkt länger, er schleift auf dem Boden.
„Wo ist der Chef?", frage ich.
„Ich bin die Frau des Chefs." Das ist ihre ständige Antwort.
„Dann die Füße", sage ich. „Ich möchte sie in die Hand nehmen."
„Du bist verrückt."
„Dies ist der richtige Tag dafür", sage ich.
Wir gehen spazieren. Im Wald. Niemand kann uns sehen. Sie fegt den Weg mit dem blassblauen Stoff. Aber immer wenn sie einen Schritt macht, gucken mich für einen Moment ihre Zehen an. Sie sind aufgeregt. Schließlich setzt sie sich auf einer Lichtung ins Moos.

„Gut", sagt sie. „Hol sie dir."
Ich greife unter den Rock. Die Zehen in meinen Händen laufen durcheinander. Dann habe ich den ganzen Fuß in meiner Hand. Die Frau des Chefs kichert.

Am nächsten Montag hat das Bohrloch neun Meter Tiefe. Es geht plötzlich schnell. Schrauber kommt kaum noch nach. Er schlägt und schraubt die Rohre zusammen, erneuert die Bohrklingen. Weiter. Zehn Knoten. Plötzlich nagt der Bohrer am Fels, beißt in den Stein, bewegt sich nicht mehr.
Drehwurm wirft sich ins Gras, atemlos. Seine Augen sind geschlossen. „Meine Frage", sagt er. „Ich hab sie vergessen."
Schrauber kommt heran, rüttelt an der Bohrstange.
„Meine Frage", sagt er. „Sie lautet: Warum wird …"
Dann lacht er und tippt mit einem rostigen Finger an meine Stirn.
Man darf seine Frage nur dem Chef stellen. Niemand darf sie vorher wissen.

Die Frau des Chefs kichert. Meine Hände sind Sandpapier. Ich kenne ihre Füße. Ich kenne sogar ihre Knie.
„Wie ist der Chef?", frage ich. „Warum kommt er nicht?"
Sie schweigt. Dann zieht sie tief die Luft ein. „Du weißt doch …" Sie erzählt noch einmal die ganze Prozedur. Wenn der Chef alt wird, wählen die jungen Frauen unter sich eine neue Frau für ihn. Dadurch wird der Chef wieder jung.
„Das weiß ich alles", unterbreche ich sie. Dann fällt mir ein, was sie sagen will.
„Du bist ihm noch nicht begegnet?" Ich stottere ein wenig.
„Doch", sagt sie.
„Er wollte dich nicht?"
„Ich, ich muss ihn wollen", sagt sie. Sie steht auf, reibt ihre Fußsohlen auf dem Moos. Sie hat keine Angst mehr, dass ich ihre Füße sehen könnte.
„Warte", sage ich. „Es tut mir leid. Ich wollte nicht so viele Fragen stellen." Ich fange mich in ihren Armen.

Eine Woche später schmatzt das Bohrloch. In einen solchen Untergrund haben wir noch nie gebohrt. Er ist wie Klebstoff. Eine gelbe zähe Masse hängt am Bohrer. Drehwurm braucht meine Hilfe. Und plötzlich quillt Wasser aus dem Bohrloch, drückt den Bohrer heraus.
„Wir sind durch", sagt Klopfer.
„Nein", sagt Schmierer. „Es ist bloß das Wasser, das ich die ganze Zeit hineingegossen habe. Es kommt zurück."
Aber es hört nicht auf zu sprudeln. Nach und nach füllt sich der Boden der Senke. Wir bringen unsere Werkzeuge an den Rand.
„Wir sind durch", sagt Schrauber. „Jetzt wird er kommen."
„Und was ist, wenn es nicht aufhört? Wenn immer weiter Wasser herauskommt? Und was ist, wenn er nicht kommt?"
„Bist du verrückt?", sagt Drehwurm.

Ich finde die Frau des Chefs auf der Lichtung. Sie hat Moos zusammengetragen. Eine Fläche groß wie ein Bett.
„Aber du bist die Frau des Chefs", sage ich.
„Ja", sagt sie.
Ich berichte von unserem Bohrloch. Von unserem Erfolg. Wir sind am Ziel. Der Chef wird kommen.
Sie senkt die Lider, sieht mich nicht an. „Ja", sagt sie. „Er ist schon da."
„Bist du sicher?"
Sie nickt stumm. Ich sage, sie soll warten, und laufe zurück zu unserem Bohrloch. Die ganze Senke ist bis zum Rand voll. Jeden Augenblick wird das Wasser überfließen.
Drehwurm und Klopfer sitzen in den Zweigen einer Weide. Große Vögel mit nassen Füßen. Schrauber hat unsere Rohre gesammelt. Sie liegen auf dem Boden. Schriftzeichen. Vom Himmel aus wird man sie lesen können.
„Komm herauf", ruft Klopfer, „sonst kriegst du nasse Füße"
„Wo ist Schmierer?"
„Er guckt, wo das Wasser abfließen kann."
„Der Chef kommt nicht", sagt Drehwurm. „Das Loch ist zu klein."

„Doch. Er kommt. Die Frau des Chefs ist schon da."
Drehwurm fällt aus dem Baum. Er springt auf, humpelt im Kreis:
„Meine Frage, ich habe meine Frage vergessen."

Die Frau des Chefs liegt auf dem Moosbett der Lichtung. Sie hat gewartet. Sie schläft. Ich knie mich vor sie. Zwei Sonnenflecken streicheln ihren Körper. Ein kleiner Windstoß bewegt die Zweige über uns. Einer der Lichtflecke huscht über ihr Gesicht. Sie öffnet die Augen. Bleiches Blau. Sie hebt den Oberkörper. Sie küsst mich. Sie zieht ihr Kleid über den Kopf. Ich bin der Mann der Frau des Chefs.
„Etwas musst du noch wissen", sagt sie. „Für deine neue Aufgabe kommt es nicht auf die Antworten an. Verstehst du, du musst keine Antworten geben. Du musst nur die Fragen einsammeln."

Der portugiesische Punkt

Nadine schiebt die Lippen vor. Sie hat mich im Treppenhaus abgefangen, steht im Bademantel in der Wohnungstür, ihre Füße klettern wie nackte Raupen übereinander. Ich soll sie mit auf meine Freitagstour nehmen. Sie bettelt schon seit Tagen. Nadine interessiert mich nicht. Wir sind fast zehn Jahre auseinander. Als ich bereits auf der Uni war, hat sie noch mit Puppen gespielt.
„Bitte, nimm mich mit! Ich muss was ausprobieren, das auf bestimmte Männer wirkt." An den blonden Haarspitzen bilden sich dunkle Tropfen. Nadine riecht wie das ölige Wasser in einem Hafenbecken. Sie streift die Ärmel ihres Bademantels hoch und kratzt sich den Schorf an den Armen. „Blöde Neurodermitis", sagt sie. „Ich nehme gerade ein Bad dagegen."
Sie presst die Arme an ihre Brust. „Nimm mich mit. Ich zahle auch die ersten Getränke."

„Geh weg", sagt Nadine. „Du störst jetzt."
Sie erobert sich mit den Ellbogen ein breites Stück des Tresens in der *Brotbar*. Ihre Augen sind geteert, das Haar in viele kleine Locken gedreht.
„Ich finde, die Nudelsuppe auf deinem Kopf ist zu viel."
„Das sortiert Typen wie dich schon mal aus."
„Ist das dein Trick?"
„Nein." Sie holt eine kleine goldene Dose hervor, öffnet sie vorsichtig. Es ist grüne Paste darin. „Das ist es. Kommt aus Portugal." Sie tupft einen Finger hinein und drückt ihn aufs Kinn.
Ich halte ihre Hand fest und rieche daran. „Stinkt nach Fisch."
„Aber es funktioniert."
„In Portugal vielleicht."

Endlich steht Kaiser in der Tür. Er arbeitet bei einer Bank. Freitags treffen wir uns in der *Brotbar*, ziehen dann durch die Kneipen. Dafür hat er sein schwarzes Haar zu einem kleinen Hahnenkamm aufgerichtet.

Die Bar füllt sich vor allem mit Studenten. Ich gehe Kaiser entgegen. „Im *Jaruselski* spielt eine Band aus Polen", sagt er. Ich erkläre ihm die Sache mit Nadine. Wir gehen zu ihr.
„Das ist Kaiser", sage ich, „der wollte dich unbedingt kennenlernen."
„Wer hat dir den Kopf in den Schraubstock gepresst?", fragt Nadine. Kaisers Kopf ist wirklich sehr schmal.
„Ich liebe dich", sagt Kaiser. Er streckt eine lange weiße Zunge heraus. „Lass mich den Punkt an deinem Kinn ablecken."
Nadine wedelt mit der Hand vor ihrem Gesicht. „Du stinkst."
„Küss mich." Kaiser streckt ihr die Lippen entgegen, dann beugt er sich hinab und leckt ihre Hand.
„I, hau ab!", schreit sie und stößt ihn weg.
„Mal ehrlich, warum funktioniert es bei mir nicht?"
„Normalerweise werden die Idioten abgeschreckt und die Interessanten angezogen. Manchmal muss ich nachhelfen."
Ich bestelle Bier. Der Typ hinterm Tresen sieht Nadine an und tippt sich aufs Kinn. „Eh, du hast da was", sagt er und reicht ihr eine Serviette.

Kaiser geht allein ins *Jaruselski*. Nadine entlässt mich noch nicht. „So ein Arsch", sagt sie, steckt die Finger in die Locken und lüftet sie.
„Sonst ist er ganz nett", sage ich. Ich gehe aufs Klo. Papp steht an der Pinkelrinne. Er heißt so, weil er sich fast nur von Pappe ernährt. Er kocht sie mit Brühwürfeln. Vom gesparten Geld fährt er regelmäßig nach Amsterdam.
„Tu mir einen Gefallen", sage ich. „Am Ende des Tresens sitzt eine mit einem grünen Punkt am Kinn. Nadine heißt sie. Kümmere dich mal um sie."
„Was zahlst du?"

Ich halte ihm einen Zwanziger hin. Er zupft den Schein aus meiner Hand und will noch zehn dazu. Für die Getränke.

Papp ist geschickt. Er kreist um Nadine, sodass sie ihn bemerkt, dann spricht er sie an. Sie streicht die blonden Nudeln aus dem Gesicht, lacht ihn an. Als sie aufs Klo geht, bin ich bei Papp.
„Es läuft", sagt er, und: „Die ist doch nett."
Papp holt eine kleine Flasche aus der Jacke und schüttet ein paar Tropfen in Nadines Glas. „Ein Aufguss aus Eierkarton mit neunzig Prozent Alkohol. Wirkt immer", sagt er. „Vorsichtshalber solltest du ihr von meinem reichen Vater erzählen. Und gib mir noch zwanzig!"
„Zehn, wenn du sie sicher und ohne sie anzurühren zu Hause ablieferst." Ich gebe ihm den Schein.
„Ich hätte es auch für null gemacht", sagt er und schiebt mich weg. Ich gehe wieder zur Tür. Nadine kommt zurück. Die beiden stoßen an, dann geht er zum Klo und Nadine winkt mir.
„Kennst du den?"
„Ich weiß nicht. Lass lieber die Finger von ihm."
„Du kannst gehen!" Sie streckt den grünen Punkt in die Luft.

Am Eingang des *Jaruselski* liegt eine zerschmetterte Bierflasche im eigenen Saft. Alles ruhig. Keine Band da. Britta hinter der Bar hat die Ellbogen aufgestützt und hält den Kopf in der Schale ihrer Hände. „Die Bierflasche da vorn war für Kaisers Kopf bestimmt", sagt sie. Sie kriegt die Zähne nicht auseinander.
„Wo ist die Band?", frage ich.
„Auf dem Weg aus Polen auf der Autobahn stecken geblieben."
„Und was war mit Kaiser?"
Sie hebt den Kopf, und jetzt sehe ich den grünen Punkt an ihrem Kinn. „Er hat gesagt, er will mit blöden Frauen, die so was machen, nichts zu tun haben." Sie zeigt auf den Punkt am Kinn.
„Er meint es nicht so", sage ich.
„Ich weiß, ich hab ihn ja auch mit der Flasche nicht getroffen", sagt sie. „Außerdem, ich hab den Punkt, er trägt den Hahnenkamm."

Ich begegne noch einer Frau mit dem Punkt am Kinn, bevor ich Kaiser im *Blauen Anker* finde. Er hakt mit dem Ellbogen am Tresen fest, den Blick tief ins Erdinnere gerichtet.
„Dasselbe noch mal", winke ich dem Wirt. Durch Kaisers Körper geht ein Zittern. „Ich liebe Britta", sagt er.
„Klar", sage ich. „Sie wirft ja auch mit Bierflaschen nach dir."
„Genau, genau", sagt er. „Ist sie nicht süß?"
Wir trinken, Kaiser läuft es aus dem Mund. Wenn er Pech hat, funktioniert der Punkt bei Britta.
Mein Handy klingelt. Papp ist dran. Er sagt, es gebe gewisse Schwierigkeiten. Kaiser stößt sich vom Tresen ab, schwankt mit dem Oberkörper nach hinten, genau auf dem Scheitelpunkt, vor der Einleitung des rückwärtigen Falls, kommt er wieder nach vorn. „Bin gleich wieder klar", sagt er.

Nadine liegt auf dem Bauch auf einer Matratze, rührt sich nicht. Ihre abgeschnittenen Locken rollen vor ihr auf dem Fußboden.
„Mann, diese Locken", sagt Papp, „die mussten einfach ab. Das verstehst du doch?"
Ich nicke. „Was ist mit ihr?"
„Die ist völlig weg. Sie verträgt das Zeug nicht."
„Was war das denn?"
„Russische Raufaser in Wodka gelöst." Er grinst mit dem rechten Mundwinkel. Seine Zähne sind aus Holz.
„Guck dir das an." Kaiser hat erst jetzt Nadines abgeschnittene Locken entdeckt. Er legt sie sich auf den Kopf. Ich telefoniere nach einem Taxi. Dann suche ich Papp. Er steht in der Küche und rührt braune Wellpappe in einem großen Topf. Es dampft.
„Ich mache das schon", sagt er. Seine Augen sind aus Glas.
„Wir müssen ihr was zu essen einflößen. Dann geht das wieder."
„Wenn sie aufwacht, bringt sie sich um", sage ich.

Nadine wird nicht wach, sie liegt hinten im Taxi quer auf Kaisers Schoß. Kaiser will sie mit Mund-zu-Mund-Beatmung aufblasen, damit sie allein die Treppe hochgehen kann. „Wie bei einem Luftballon", sagt er.

Wir tragen Nadine in ihre Wohnung. Sie wird nicht wach. Ich verstecke ein Überwachungsgerät für Babys unter der Teddybärsammlung am Kopfende ihres Bettes. Den anderen Teil des Gerätes stelle ich mir eine Etage höher neben das Bett. Kaiser setzt sich ins Wohnzimmer, er telefoniert mit Britta.

Ich gehe ins Bett und bin schon am Einschlafen, als Kaiser die Tür aufreißt. „Es funktioniert folgendermaßen", schreit er. „Der Punkt sorgt dafür, dass du dir das Gesicht zweimal ansiehst. So eine Art Recycling. Das ist alles. Ein Trick aus einer Frauenzeitschrift."

Er wirft sich auf das Bett und schubst mich zur Seite. Er schnarcht so laut, dass ich Nadines Röcheln im Babyfon nicht mehr hören kann.

Es pocht im Babyfon. Ich bin sofort wach. Es könnte ein Seil sein, das auf den Boden klopft. Vielleicht will sie sich aufhängen? Dann schleift etwas. Ein Rasiermesser? Ich ziehe mir einen Pullover über. Bei Nadine rauscht Wasser. Will sie sich in der Badewanne ertränken? Ich steige in meine Hose. Kaiser liegt noch unter der Bettdecke. Aus dem Babyfon kommt ein Seufzer. Ich springe ins Treppenhaus, klingle an Nadines Tür. Sie öffnet, hat nur ein Handtuch um ihren nackten Körper geschlungen. Ihre blonden Haare stehen in Spitzen nach allen Seiten.

Sie dreht sich vor mir. „Nun sag was. Ist es nicht toll? Er hat mir das Haar geschnitten. Er kann das richtig gut." Sie geht und lässt die Tür offen.

„Komm rein", ruft sie aus dem Badezimmer. Ich gehe zu ihrem Bett, schnappe mir das Babyfon und verstecke es unter meinem Pullover.

„Ich glaube", sagt sie, „sein Vater hat eine Friseurkette oder so."

„Ich gehe wieder", sage ich. „Ich wollte nur sehen, wie es dir geht."

Sie wiehert Verachtung. „Er hat mich sogar nach Hause gebracht!"
„Hat er das?"
„Wir haben schon telefoniert. Ich bin bei ihm zum Essen eingeladen."
„Zum Essen. Bei Papp? Das ist toll", sage ich.
Sie zieht sich den Bademantel an und bringt mich an die Tür.
„Es funktioniert", sagt sie und tippt sich mehrmals ans Kinn.

Der Spezialist

Ich sitze geduckt hinter dem Fenster der Wohnung. Das Gewehr habe ich auf der Fensterbank abgestützt. Ich werde schießen. Es bleibt mir nichts anderes übrig. Die tote Frau hinter mir kenne ich. Aber ich habe sie nicht umgebracht. Die Mörder sitzen da draußen, belagern mich. Es bleibt mir nicht mehr viel Zeit.

Niemand wird sich noch an meinen Namen erinnern. Ich war einmal Krimiautor. Drei Romane sind von mir vor langer Zeit erschienen. Es gibt sie nicht mehr. Ich konnte auf andere Weise sehr viel mehr Geld verdienen. Meine Fähigkeit zu schreiben, meine Fantasie brachte mir ein Angebot der Polizei ein. Fortan textete ich nur noch für die Abteilung F. Sie gehört zur Pressestelle der Mordkommission.

Meine Aufgabe war es, in den Veröffentlichungen die Tatorte auszuschmücken. Die Verbrechen sollten als besonders gewalttätig und blutig erscheinen. Es spielte keine Rolle, ob es der Wirklichkeit entsprach. Meine Erzählungen fanden keinen Eingang in die Gerichtsakten. Es ging nur darum, mit den aufwendigen Presseberichten einen Ausgleich für die geringer werdende Zahl der Verbrechen herzustellen. Die Statistik der Gewalttaten zeigte steil nach unten. Es bestand die Gefahr, dass die Gelder für die Polizei gekürzt würden.

Die Taktik unserer Abteilung ging auf. Wir schürten die Ängste in der Bevölkerung. Ein Politiker, der gewählt werden wollte, musste sich für die Aufrüstung der Polizei einsetzen.

Die Zahl der Morde verkleinerte sich weiter, die Mitarbeiter unserer Abteilung aber vermehrten sich. Wir waren hoch bezahlte Spezialisten. Jeder hatte sein Gebiet. Der eine dachte sich neue Waffen und Tötungsarten aus. Ein anderer beschrieb Leid und Unglück der Opfer. Die Darstellung des Schauplatzes

teilten sich mehrere. Es gab einen für den Leichnam, sein Aussehen, seine Stellung. Einen für den Ort, die Umgebung und das Licht. Einen für die Wunden, für das Blut. Wurde zum Beispiel ein erhängter Selbstmörder gefunden, machten wir erst einmal eine Bluttat daraus. Etwa so: Wie ein riesiges Insekt hing der bleiche Mann am knorrigen Ast einer Eiche. Seine verdrehten Gliedmaßen schaukelten im eisigen Wind. Kurz oberhalb des entblößten, glitzernden Geschlechts ragte die rasierklingenscharfe Sense aus seinem dünnen Leib. Und aus den aufgeschlitzten Bauchlappen regnete das leuchtende Blut in letzten pulsierenden Stößen auf die blauen Vergissmeinnicht herab ...
Oh ja, wir sind auch Spezialisten für Adjektive. Eine solche Tatortbeschreibung hat dann oft einen Umfang von zwei bis drei Seiten und wird gern von den Tageszeitungen direkt übernommen. Oft in Fortsetzung über mehrere Ausgaben. Ich kann mich rühmen, dass mein Anteil an den Texten besonders gern gelesen wurde. Ich bin der Spezialist für Unterwäsche.
Für meine Beschreibungen blutiger, zerrissener Dessous im großen Umkreis eines mörderischen Schauplatzes hätte ich an anderer Stelle sicher längst einen Literaturpreis erhalten.
Leider half alles nicht viel. Die Rate der Gewaltverbrechen war drauf und dran, in der Bedeutungslosigkeit zu verschwinden. Wir kamen deshalb auf die Idee, Morde zu beschreiben, die gar nicht stattgefunden hatten. Zum ersten Mal wurde unsere Fantasie durch die Wirklichkeit nicht mehr gebremst. Unsere Vorgesetzten waren begeistert, schüttelten sich vor Abscheu und Ekel. Wir entwickelten zusätzlich lange und ergreifende Lebensgeschichten der Opfer, die uns selbst in Tränen ausbrechen ließen. Testweise wurden die ersten Morde veröffentlicht. Die Wirkung war verblüffend, in den Gemeinden unserer fiktiven Verbrechen wurden nächtliche Ausgangssperren verfügt. Jeder fürchtete umgebracht zu werden. Die Bürgermeister forderten pro Einwohner einen Polizisten. Wunderbar. Wir alle bekamen Gehaltserhöhungen.
Aber plötzlich tauchten Neider auf. Journalisten, die glaubten, bessere Geschichten schreiben zu können als wir. Sie recher-

chierten selbst. Es entstand eine bedrohliche Situation. Wenn sie herausfanden, dass es kaum noch Gewaltverbrechen gab, war unsere Existenz gefährdet.
Fantasie und Wirklichkeit mussten in Einklang gebracht werden. Die Abteilung W entstand. Sie setzte die Morde in die Tat um, die wir entwickelt hatten. Die Abteilung TO war die Folge. Sie wählte Täter und Opfer gezielt aus der Bevölkerung aus. Die Mordrate stieg. Die Aufklärungsrate auch.
Die Polizei war erfolgreich wie nie.

Ich schiebe das Gewehr etwas weiter aus dem Fenster hinaus. Draußen gehen die Mörder in Deckung. Zwei von ihnen laufen geduckt zum Hauseingang. Sie tragen schusssichere Westen. Vor einer Woche entwarf ich ein Eifersuchtsdrama für die Abteilung W. Ich beschrieb einen Mord, bei dem eine untreue Frau mit ihrer Unterwäsche erwürgt und ihr anschließend das Herz herausgeschnitten wird. Mit viel Detailfreude schmückte ich den Tatort aus. Meine Freundin hatte mich gerade wegen eines anderen verlassen. Ich rächte mich in meiner Fantasie.
Ich greife nach dem blutigen BH zu meinen Füßen und schleudere ihn von mir. Perfekt. Alles ist perfekt. Die Kollegen von der Abteilung W haben sich präzise an meine Anweisungen gehalten. Und ich hätte ahnen müssen, dass ich genau dem Anforderungsprofil des Täters entspreche.
Draußen hinter dem gepanzerten Fahrzeug erhebt sich ein Polizist. „Legen Sie die Waffe nieder und kommen Sie mit erhobenen Händen heraus", ruft er durch das Megafon. Ohne besonderen Nachdruck.
In meinem Entwurf des Verbrechens wird der Täter von der Polizei erschossen.

Gras wachsen lassen

Bauer öffnet langsam die Bluse. Knopf für Knopf. Ich setze mich und lasse mich rückwärts ins Gras fallen. Der Himmel ist Eis. Bauer wirft die Bluse mit Schwung von sich. Er lacht über die Kälte. Er greift mit beiden Daumen unter die Riemen seines schwarzen ausgestopften Büstenhalters, als wäre er eine Waffe. Er kommt auf mich zu, schwenkt die Hüften. Ich schüttle den Kopf. „Hör auf."
Bauer stellt sich breitbeinig über mich, öffnet den karierten Rock und lässt ihn über mein Gesicht fallen.
„Hör auf mit dem Blödsinn!" Ich schleudere den Rock von mir. Bauer trägt ein schwarzes Höschen mit Spitzenkante. Er zieht es aus, hält es mit einem Finger und lässt es kreisen. Sein Geschlecht ist rasiert und rotgrau. Das Gesicht eines betrunkenen Zwerges.
Er öffnet den BH. Jetzt trägt er nur noch die Perücke mit dem langen blonden Haar. Seine Haut zieht sich zusammen, sein Geschlecht macht sich klein.
„Bauer", sage ich, „bei der Kälte wirst du dir den Tod holen."

Bauer schwimmt ans Ufer des Flusses zurück. Er pustet heftig, spuckt Wasser. Auf allen Vieren klettert er die Böschung hoch. Das Wasser perlt auf ihm. Er ist vollkommen unbehaart. Seine Lippen sind dunkelrot und die Augenlider blau. Die Schminke ist wasserfest.
„Ist tief genug", sagt er. Mit den Händen streift er die Tropfen von den Gliedern und dem kahlen Kopf. Er presst die Fäuste gegeneinander und pumpt seinen Oberkörper auf. Muskeln wie Gummischläuche. Dampf steigt von seinen Schultern auf. Dann winkt er mir und stemmt sich gegen den Wagen mit der toten Frau darin.

„Bei drei!", befiehlt er. Er hält die Luft an. Adern und Sehnen treten an seinem Hals hervor, eine Säule, die seinen roten Kopf auf dem Körper hält.
„Warum nicht bei vier?" Ich lächle ihn an, warte, dass sein Kopf explodiert.
„Vier? So ein Quatsch." Er bläst die Luft aus, bleibt gebückt und lässt die Arme schaukeln. Ein nackter Affe. „Es geht immer bei drei los. Vier, hab ich noch nie gehört."
„Das glaube ich gern."
Gemeinsam legen wir unsere Hände gegen das Blech und drücken. Der Wagen steht auf der Kippe, hebt sein Hinterteil und zeigt mit der Nase auf den Fluss. Langsam kommt Leben in ihn. Mit zunehmender Begeisterung rollt er immer schneller die Böschung hinab, taucht mit einem kleinen Sprung ins Wasser und versinkt. Wir beobachten die Oberfläche, bis keine Blase mehr aufsteigt.

Bauer hat die Perücke mit den langen blonden Haaren wieder aufgesetzt und die Frauenkleider angezogen. Er geht vor, schwenkt seinen Hintern in dem karierten Rock.
„Du siehst blöd aus", sage ich.
Er schaut über die Schulter, spitzt die blutroten Lippen zu einer Schusswunde. Dann lässt er seine blauen Lider halb herab.
Wir biegen vom Fluss ab in den Wald. Bauer kennt sich in dieser Wildnis aus. Früher sei er hier als Gruppenführer tagelang mit seinen Jungs unterwegs gewesen, behauptet er.
Der Weg ist kein Weg, war vielleicht mal einer vor zehn Jahren, ist dabei, sich in einen Birkenwald zu verwandeln. Kahle Zweige peitschen Bauers nackte Waden.
„Zieh lieber Hosen an", sage ich. Er bleibt stehen, dreht sich um. Die Riemen seines Rucksacks pressen seine künstlichen Brüste zusammen.
„Bei dem Überfall hatte die Verkleidung Sinn", sage ich, „aber hier?"
„Ich habe gar keine anderen Sachen dabei", sagt Bauer.
„Wirklich? So was Idiotisches", sage ich.

Bauer marschiert gradlinig. Mich hält jeder Zweig gefangen. Ich stolpere über Baumwurzeln, trete in Löcher. Mit der Dämmerung wachsen meine Schuhe in die Länge. Bauer bleibt stehen und holt eine glänzende, rosafarbene Jacke mit weißen Ärmeln aus seinem Rucksack.
„Hab ich von ihr!"
Ich denke an die Frau, die jetzt im Abendkleid und tot im Kofferraum des versenkten Autos schwimmt.
„Wir hatten die gleiche Größe", sagt Bauer. „Da musste ich doch zugreifen." Er hebt die Schultern und breitet die Hände im Nachtlicht aus wie weiße Blätter.
Jetzt begreife ich, wo er war, als ich den Safe öffnete. Er war an ihrem Kleiderschrank. Er zieht die Jacke an. Der kurze Halt lässt mich schwer werden. Mein Rucksack drückt mich auf das dünne Moospolster eines umgestürzten Baumstammes.
Bauer versucht in der Jacke eine Pirouette. Sie wird nur halb.
„Wir haben ihren Schmuck, ihr Geld. Gut und schön, aber du hättest allein mal die Reihe ihrer Schuhe sehen sollen. Wunderbar."
Ich verankere meine Ellbogen auf den Oberschenkeln und stütze meinen Kopf in beide Hände. „Bauer, wenn sie uns erwischen, dann verraten uns die Sachen." In dieser Haltung kriege ich die Zähne nicht auseinander.
Bauer setzt sich neben mich, küsst mich auf die Wange. „Du musst nicht alles so schwarz sehen. Hast du dieses tolle Kleid bemerkt, das sie zuletzt trug?"
„Du hast es ihr doch nicht etwa ... ausgezogen?"
Bauer lächelt und zupft ein Stück des Kleides oben aus seinem Rucksack. Eine züngelnde Flamme.
Ich denke an die Frau, die jetzt nackt und tot im Kofferraum des versenkten Wagens schwimmt.

Ein Irrgarten. Fast vollständige Finsternis. Der Wald will uns nicht. Er ist so dicht, dass der Wind nur die Wipfel bewegt. Die Bäume knurren. Bauer bleibt stehen. Ich laufe ihm fast in den Rücken.

„Gib zu, dass du dich verlaufen hast", sage ich. Ich bin zu schwach, um meinen Arm mit der Uhr zu heben. „Wie viele Stunden noch?"
„Psst. Da vorn ist jemand." Er zieht mich hinter einen Baum und presst sich an mich. „Kein Laut." Sein heißer Atem bläst mir ins Gesicht.
„Was ist da?"
„Ein Kerl oder ein Bär."
„Wirklich?"
„Gib mir deine Waffe." Er tastet mich ab, fährt mir mit beiden Händen in die Hose und presst seinen Mund auf meinen. Ich drehe den Kopf weg. „Die Pistole ist im Rucksack."
Bauer lässt mich los, springt vor, wedelt mit den Armen, tanzt und ruft: „Hallo, hier sind wir." Er kommt zurück, lacht: „War nur Spaß."
Ich fluche, rutsche langsam am Baumstamm nieder bis auf den Boden. Von dem, was ich war, ist nicht mehr viel übrig.
Bauer geht vor mir in die Knie. „Was hat mein Kleiner?"
„Ich bin müde, ich habe Hunger und ich fange an zu glauben, dass es die Hütte gar nicht gibt, von der du geredet hast." Es kostet viel Kraft, das zu sagen.
„Riechst du es nicht?", fragt er. „Wir sind gleich da."
Er reibt mir die Wangen, krabbelt auf allen Vieren vor mir her und schnüffelt. Dann streckt er mir sein wackelndes Hinterteil entgegen. Die blonde Perücke rutscht ihm ins Gesicht. Ich glaube, Afghanen heißen diese Hunde. Aber ich kann nicht mehr lachen.

Die Hütte bemerke ich erst, als ich direkt davor stehe. Schwarzes Holz wie Teer.
„War vor hundert Jahren mal eine Köhlerhütte", sagt Bauer.
Ich stütze mich gegen das Holz. Das Schloss wäre meine Angelegenheit, aber ich kriege es mit den Augen nicht zu fassen. Es rutscht weg.
Bauer tastet die Eingangsstufe ab. Dann trompetet er und hält den Schlüssel in die Höhe.

Bauer findet sich schnell zurecht. Er zündet Petroleumlampen an. Die gelbe Flamme macht mich fast blind. Ich schwanke durch kleine Zimmer, stoße überall an. Alles ist sauber und aufgeräumt. Ich bleibe in der Schlafkammer und werfe mich auf das breite Bett. Am Kopfende hüpfen Stofftiere und Puppen in die Höhe. Die Lider ziehen sich mir von selbst über die Augen. Blei ist mein Körper. Bauer klappert in der Küche mit Töpfen. Plötzlich ist alles ruhig. Ich richte mich auf, stelle die Petroleumlampe heller.
„Bauer, wo bist du? Was machst du?"
Keine Antwort.
Ein kleiner Schminktisch steht in der Ecke. Ich betrachte mein Spiegelbild. Ein Schiffbrüchiger im Urwald. Ich rieche an den Parfüms und Cremes. Ich öffne eine Schublade: schwarze Dessous. Es ist das Schlafzimmer einer Frau.
„Bauer, wo bist du?"
Im Wohnraum brennt Feuer im Kamin. Ich muss länger geschlafen haben. Eine schmale Tür führt von der Küche nach unten. Das Haus hat einen Keller. Ich gehe hinunter. Bauer steht in einer weißen Schürze vor den mit Konserven gefüllten Regalen.
„Mensch, hier können wir uns verstecken, bis Gras über die Sache wächst", sage ich.
Bauer hält mir eine Dose mit Krebsfleisch und ein Glas mit Pilzen vors Gesicht. „Was möchtest du essen, Liebling?", fragt er mit hoher Stimme.
Ich begreife plötzlich: Dieses Haus ist Bauers Haus.

Vor dem Kamin untersuche ich meine schmerzenden Füße. Mehrere wunde Stellen und eine Blase, wie eine Krankheit, die mich verfaulen lässt. Bauer pfeift im Schlafzimmer.
Ich ziehe meine Hosen aus. Dornen haben mir an den Schienbeinen die Haut aufgerissen. Im Schlafzimmer raschelt es. Ein Tier im Unterholz. Draußen ist alles ruhig, der Wind hat sich gelegt. Ich sehe von meinen Wunden auf. Bauer stützt sich mit beiden Armen im Türrahmen ab. Er trägt das Abendkleid der

Toten. Es schließt sich eng um seinen Körper und fällt gerafft bis zu den Knöcheln herab. Rote Pumps an den Füßen.
„Wie findest du mich?" Er verschränkt die Arme über dem Kopf und drückt die Hüfte zur Seite heraus. Der Stoff glänzt bei jeder Bewegung. Ein warmer See im Sonnenuntergang.
„Jetzt begreife ich, warum ich nicht schießen durfte, sondern du sie unbedingt erwürgen wolltest. Das Kleid sollte keinen Schaden nehmen."
Er trippelt auf mich zu, der Stoff wird fließende Lava, zirpt, wenn er sich aneinander reibt. Bauer fährt sich mit der Zunge über die Lippen. Er kniet sich zwischen meine Schenkel.
„Bauer, was machst du da?"
Er lässt mich für einen Augenblick los. „Psst", sagt er. „Lassen wir Gras über die Sache wachsen."

Ins Kino mit Sarah

Ich laufe die drei Treppen zu Sarahs Wohnung hinauf. Immer zwei Stufen auf einmal. Die Tür steht offen.
„Welchen Film?", frage ich schon im Flur.
Dienstag ist unser Kinotag.
„Ich weiß nicht", sagt Sarah. Sie sieht mich nicht an, sitzt am Rand der Couch, als wäre sie bei sich selbst zu Besuch. Ihre Schminksachen sind auf der Sitzfläche verstreut. Hosen und T-Shirts liegen über den Lehnen. In ihrem Wohnzimmer gibt es nur die Couch und den Fernseher.
„Was meinst du damit, du weißt es nicht?" Ich betrachte meine Schuhe. Sie sind schwerer als sonst. Ich wachse aus ihnen heraus in die Höhe. Ich gehe zum Fenster. Auf dem Fensterbrett steht eine Azalee, die ich einmal für Sarah an einer Tankstelle geklaut habe. Sie ist vertrocknet.
„Ich weiß nicht", sagt Sarah. Sie bemalt ihre Lippen. In einem kleinen Spiegel betrachtet sie ihren Mund. Sie presst die Lippen aufeinander. Dann küsst sie ein Papiertaschentuch. Ein Abdruck wie Blut.
Sie legt den Spiegel weg, lehnt sich zurück und guckt den Fernseher an, aber der ist aus.
Ich hebe die Zeitung vom Fußboden auf. Meine Schuhe knurren. Ich lese Sarah die neuen Filme vor.
„Ich weiß nicht", sagt Sarah bei jedem Film. Sie legt den Kopf schräg und betrachtet ihr Spiegelbild auf der dunklen Bildröhre des Fernsehers. Sie zieht die Mundwinkel einmal kurz hoch.
Wenn wir uns nicht über Filme unterhalten, weiß ich nie, was ich mit Sarah reden soll. Vielleicht liegt es daran, dass ich sie im Kino kennengelernt habe.

Wir gehen immer dienstags ins Kino, weil es da billiger ist. Und meist auch noch freitags. Und wenn viele neue Filme anlaufen, dann gehen wir auch schon dreimal in der Woche.
„Wir können uns auch einen Film zum zweiten Mal ansehen", sage ich.
„Ich weiß nicht", sagt Sarah. Sie feilt ihre Fingernägel. Immer wenn sie mit einem Finger fertig ist, hält sie ihn in die Höhe, betrachtet ihn, als wolle sie ihn loben oder beschimpfen. Ihre Finger sind faltig wie Hühnerbeine.
„Wir können auch was anderes machen", sage ich.
„Ach, ich weiß nicht", antwortet Sarah. Mit ihren Fingern formt sie eine Vogelkralle auf ihrem Oberschenkel und schabt über den Stoff ihrer Jeans.
Ich betrachte meine Schuhe. Etwas stimmt nicht mit ihnen. Ich weiß nicht mehr, warum ich sie gekauft habe. Meine Füße sind darin eingesperrt.
„Der Fernseher ist auch kaputt", sagt Sarah. „Kein Bild mehr."
Sie ist fertig mit den Fingern und bindet ihr Haar nach hinten zusammen. Ihre Ohren kommen zum Vorschein.
„Ich finde", sage ich, „der Mensch sähe ohne Ohren besser aus. Der Kopf wäre dann glatt an den Seiten."
„Das ist doch blöd", sagt sie.

„Wir gehen einfach los", sage ich. „Wir gehen doch immer ins Kino."
„Das ist doch total blöd", sagt sie. Sie zieht die Beine auf die Couch und verschränkt die Arme.
Meine Füße jucken. Wahrscheinlich staut sich das Blut am Rand der Schuhe. Ich müsste sie ausziehen. Ich gehe durch den Raum und schiebe die Sachen auf der Couch zur Seite.
„Oh Mann, muss das sein?", sagt Sarah. Ich setze mich trotzdem neben sie.
„Wir bleiben einfach hier und reden über die Filme, die wir gesehen haben", schlage ich vor und lege meine Hand auf ihren Schenkel.
Sie zieht ihre Beine von mir weg und sagt: „Nicht."

„Was nicht?"
„Das."
Ich weiß nicht, wohin mit meinen Händen. Ich versuche sie in die Hosentasche zu stecken. Im Sitzen passen meine Hände nicht in die Taschen.
Ich stehe wieder auf und gehe zur Azalee zurück. Meine Schuhe machen den Lärm von schwarzen Kohlen, die über den Boden rollen. Ich versuche mich an einen Film zu erinnern, den wir beide gut fanden. Die braunen Blätter der Pflanze zerbröseln zwischen meinen Fingern.
„Die braucht mal Wasser", sage ich.
„Kann sein", sagt sie. Sie guckt den Fernseher an mit Augen aus Glas. Ich sehe aus dem Fenster. Ich denke, wenn ich mich wieder umdrehe, ist sie weg, hat sich einfach aufgelöst, ist nur noch eine Schleimpfütze auf dem Sofa, wie in einem Film mit Außerirdischen.

Wir gehen immer ins Kino, weil wir dann anschließend über den Film reden können. Über andere Dinge können wir nicht so gut reden. Zum Beispiel über Möbel. Zu Möbeln fällt mir nichts ein.
Wenn wir Sarahs Freundinnen treffen, reden wir auch über Filme. Manchmal reden Sarah und ihre Freundinnen auch über Hosen, die sie sich kaufen wollen. Ich kann nicht über Hosen reden. Was soll man auch zu Hosen sagen? Das ist doch kein Thema.
Sarah wackelt mit den nackten Zehen. „Ich lackiere mir doch lieber die Zehennägel." Sie langt nach der Nagellackflasche auf dem Fußboden. „Wie findest du die Farbe?"
„Gut", sage ich.
„Gut oder sehr gut?"
„Was weiß ich", sage ich. Ich mag es nicht, wenn sie ihre Zehennägel bemalt. Ihre Zehen sehen aus wie Glieder von Außerirdischen im Kino.
„Eigentlich sind wir Außerirdische", sage ich.
„Du spinnst", sagt Sarah.

Sarah besitzt ein Videogerät. Es funktioniert seit einem halben Jahr nicht mehr. Als es noch in Ordnung war, haben wir manchmal Filme ausgeliehen. Aber es ist nicht dasselbe. Wenn wir einen Film auf Video gesehen haben, können wir nicht darüber reden. Wenn Filme auf Video erscheinen, sind sie immer schon im Kino gelaufen, was soll man dann noch darüber reden. Kino ist besser. Nach dem Kino kommt Sarah auch oft noch mit in eine Kneipe.
Sarah tuscht sich die Wimpern. Sie spuckt in einen kleinen Kasten mit schwarzem Schlamm. Mit einer winzigen Bürste überträgt sie die Farbe. Kleine Farbklumpen hängen an den Wimpern.
„Das sieht nicht gut aus", sage ich. „Wie Schuhcreme."
„Was weißt denn du", sagt Sarah.
„Und wenn wir ein Bier trinken gehen?", frage ich.
„Ich weiß nicht", sagt Sarah, „ohne vorher Kino?"
„Wir könnten so tun, als ob wir im Kino gewesen wären."
„Das ist doch blöd", sagt Sarah.

Sarah probiert eine neue Jeans an. Ihre Füße bleiben nackt. Sie stellt sich auf Zehenspitzen. Ich erzähle ihr, welche Szene mir im letzten Film am besten gefallen hat. Sarah sagt, sie wüsste nicht, ob das die beste Szene wäre, und wenn man etwas nicht genau wüsste, dann wäre es auch nicht gut. Sie zieht eine neue Bluse an und geht ins Bad. Ich gehe hinterher.
Im Bad tupft sich Sarah etwas Rouge auf die Wangen und verreibt es. Rote Flecke, als käme sie aus einem Actionfilm.
„Geh doch allein", sagt sie.
Ich krame in den Hosentaschen nach meinem Feuerzeug, gehe zurück ins Wohnzimmer und probiere es an der Azalee aus. Sie brennt ein bisschen, aber dann verlöschen die Flammen. Meine Schuhe verlieren ihre Form. Sie sind schwarze Klumpen am Ende meines Körpers.
„Ich gehe dann mal", sage ich. Aber ich bleibe am Fenster stehen.
„Wie riecht das hier?", fragt Sarah.

„Die Azalee", sage ich. „Ich hab die Azalee angezündet. Aber sie ist wieder ausgegangen."
Sarah tupft sich etwas Parfüm aus einer grünen Flasche auf den Hals. Dann geht sie den Flur entlang und öffnet mir die Tür.
Im Treppenhaus schickt mein Magen etwas Säure bis in die Mundhöhle.
Meine Schuhe sind geschwollen, finden kaum Halt an den Stufen. Unten vor dem Haus setze ich mich auf den Boden und warte darauf, dass Sarah die Azalee aus dem Fenster wirft.

Bergkamen, Römer, Gold und Tod

„Es gibt nur zwei Gründe, nach Bergkamen zu kommen. Die Liebe. Oder ein Job", sagt Willi zur Begrüßung. Er hat einen Finger in der Nase. Und ich erinnere mich, er hat immer gepopelt.
Er führt mich in das Einfamilienhaus bis ins Wohnzimmer und öffnet zwei Bierflaschen.
„Aber du bist deinen Job doch los", sage ich.
„Nicht nur das", sagt er. „Martina hat mich auch verlassen."
„Dann nichts wie weg." Wir heben die Flaschen, stoßen an. Willis Augenbrauen heben sich beim Trinken, als wäre es Schwerarbeit. Er setzt die Flasche wieder ab und stöhnt.
„Gibt zum Glück noch ein paar andere Schätzchen hier", sagt er. „Deshalb habe ich dich kommen lassen."
Er lässt sich auf das alte Sofa fallen, das vor Schreck die Stummelbeine spreizt. Sofort hat er wieder den Finger in der Nase. Er rutscht in die Polster, das Bier wölbt seinen Bauch.
„Und warum ist Martina weg?", frage ich.
Er hebt die Schultern. „Musste ja so kommen. Die Frauen aus ihrer Familie haben immer ihre Männer verlassen. Unruhiges Blut. Ihre Großmutter zum Beispiel ist einfach mit einem Polen abgehauen. Und ihre Mutter hat gesagt, sie geht mal eben Zigaretten holen. Sie kam nie wieder."
„Das machen doch sonst die Männer."
„Ja, zum Zigarettenholen soll man immer selber gehen. Nie die eigene Frau schicken, sonst ist man sie los."
„Du hast Martina zum Zigarettenholen geschickt?"
„Quatsch." Er geht ans Wohnzimmerfenster und deutet die Straße hinunter. „Da hinten in dem Neubau, da wohnt sie jetzt. Und du musst zu ihr. Die Schatzkarte holen. Dich kennt sie nicht."

„Ich bin der Elektriker", sage ich, als Martina öffnet. Sie muss wesentlich jünger als Willi sein. Sie neigt sich vor, sieht mir in die Augen.
„Ein Elektriker?" Sie leckt sich über die Lippen, dann schüttelt sie ihr schwarzes langes Pferdehaar.
„Ja", sage ich. Ich verstehe nicht allzu viel davon, aber auf dem Bau habe ich mal bei einem Elektriker als Handlanger gearbeitet.
„Interessant." Sie legt den Kopf schräg, sodass eines ihrer Ohren aus den Haaren hervorschaut.
„Hübsche Ohren haben Sie", sage ich.
Sie grinst. „Ich hätte da eine Lampe", sagt sie, „die sollten Sie sich mal ansehen." Sie öffnet die Tür weit, lässt mich eintreten. Der Flur ist aber so schmal, dass ich ihre Brustwarzen berühren muss, um an ihr vorbeizukommen.
„Elektrisierend", sage ich.
„Genau", sagt sie. „Ich mag schon gar nicht mehr anfassen."
„Das lassen Sie mich mal machen."
Sie führt mich ins Wohnzimmer. Eine Stehlampe mit einer Messingstange. „Die ist es", sagt sie. „Kaffee?"
„Ich komme eigentlich, weil bei, äh, Ihrem Mann was kaputt ist. Und ich brauch die Pläne vom Haus."
„Bei dem Popler ist jede Menge kaputt."
Sie geht zum Wohnzimmerschrank, öffnet die Glastür und nimmt einen Ordner heraus, legt ihn mir in die Hände, hält ihn aber noch fest. „Nur wenn Sie wiederkommen. Ich meine, wegen der Lampe."
„Klar, ich bring sie zum Leuchten."
„Das hoffe ich doch. Und schreiben Sie alles bei meinem Mann mit auf die Rechnung."

„So eine Frau darfst du doch nicht zum Zigarettenholen schicken", sage ich und gebe Willi den Ordner. Er nimmt den Finger aus der Nase und reibt sich die Hände.
„Hab ich ja auch nicht. Die ist von allein gegangen. Was hat sie gesagt?" Er blättert den Ordner auf.

„Äh, ich muss noch mal zu ihr rüber. Hab ihr versprechen müssen, eine ihrer Lampen zu reparieren."
Willi nimmt einen alten Bauplan, der noch auf Leinen gezeichnet ist, aus dem Ordner, hält ihn sich an die Nase und schnuppert daran. Dann breitet er ihn auf dem Küchentisch aus.
„Hier, guck mal." Er tippt auf den Grundriss. „Das ist der Keller, und da an der Treppe hat ihr Großvater ein Kreuz gemacht. Als der noch lebte, hat er mal zu mir gesagt, die größten Schätze lägen hier unterm Haus."
Ich sehe mir den Plan an. „Das ist doch ein völlig anderes Haus."
„Nee, das ist schon richtig. Im Krieg kamen die Bomber, die hatten die Chemiefabrik zum Ziel. Aber sie haben ihre Bomben zu früh ausgeklinkt. Ist alles hier runtergekommen, auf die Häuser. Aber danach ist das Haus auf den alten Grundmauern wieder aufgebaut worden. Verstehst du, der Keller ist der gleiche."
Im Bad wasche ich mir das Gesicht, sprühe Deo unter die Achseln und reibe mir mit dem Zeigefinger über die Zähne. „Ich gehe dann noch mal zu deiner Frau", rufe ich.
Willi ist schon im Keller. Mit einer Schaufel stößt er auf den Boden. „Steinhart", sagt er. „Da brauchst du Spezialwerkzeug."
„Glaube ich nicht", sage ich.

„Wie wars bei Martina?", fragt Willi.
„Ich habe es hingekriegt. Die stand ganz schön unter Strom. Die Lampe. So was kann einen umbringen."
„Auch keine schlechte Idee."
Wir steigen in Willis Auto. Aus den Feldern ragt ein Hochhaus. „Bergkamen, das gibt es doch gar nicht", sagt Willi. „Das sind ein paar Dörfer, die sich zur Stadt zusammengetan haben. Aber im Grunde fühlt sich hier jeder noch seinem Dorf zugehörig."
Plötzlich eine Zusammenballung größerer Gebäude. Willi parkt vor einem Kreisverkehr mit überdimensionierter Stehlampe in der Mitte. Ich denke an Martina.

Willi zeigt auf das Rathaus. Es hat Fensterscheiben aus purem Gold. „Verstehst du", sagt Willi, „die Leute brauchen hier so ein Rathaus, sonst würden die gar nicht glauben, dass sie eine Stadt sind."

„Und die beiden Kaufhäuser daneben?", wage ich einzuwenden.

„Sind einfach nur praktisch", sagt Willi. „Da kaufen wir einen Presslufthammer, sonst kommen wir nicht durch den Beton."

In der Werkzeugabteilung gibt es keine Presslufthämmer, aber so etwas Ähnliches. Elektrisch, nicht mit Pressluft.

„Funktioniert prima", sagt ein Verkäufer. „Damit könnte man sogar die Kohle aus dem Berg holen."

„Gibts hier noch Bergwerke, außer in deinem Riechkolben?", frage ich Willi.

Er nimmt den Finger aus der Nase. „Nee, meins ist das letzte."

Er zieht mich zur Kasse und flüstert: „Aber die wahre Kohle liegt hier immer noch unter der Erde."

Wir fahren nach Oberaden. Das ist eines der Dörfer beziehungsweise einer der Stadtteile von Bergkamen. Willi hält vor dem Stadtmuseum.

„Muss ich da rein? Da ist doch alles hinter Glas. Ich will dir was sagen, zum Sehen gehört Fühlen." Ich denke an Martina.

„Ich will dir nur was zeigen, damit du mir auch glaubst." Willi holt seinen Finger aus der Nase und betrachtet ihn von allen Seiten.

Im Museum geht er zielsicher zur Ausstellung Römergeschichte, da hängt eine Vitrine an der Wand mit Schmuck und Münzen darin.

„Siehst du die halbe Münze da? Die ist von den Römern."

„Da kann man nichts mehr für kaufen."

„Und ob. Die ist einen Haufen Geld wert. Selbst die Hälfte."

„Wollen wir die klauen?"

Er grinst und fummelt in seiner Hosentasche, holt schließlich eine halbe Münze heraus. Könnte die andere Hälfte von der in der Vitrine sein.

„Die Römer hatten damals nicht genug Kleingeld, und deshalb haben die ihre Münzen durchgeschnitten", erklärt er mir. Er sieht sich um, ob uns jemand beobachtet. „Und was meinst du, woher ich meine Hälfte habe?"
„Ich weiß", ich winke ab. „Ich war auch schon mal in Italien. Die zahlten damals noch mit Lire und hatten wirklich nicht genug Kleingeld. Aber ich kriegte statt halben Münzen immer Bonbons in die Hand gedrückt."
Er nimmt mich am Arm und führt mich wieder raus. „Meine Hälfte ist nicht aus Italien, sondern aus unserem Keller."
Willi macht weiter auf Stadtführer. Er umkreist ein Wäldchen und behauptet, es sei das Römerlager. Zwanzigtausend Soldaten hätten hier gehaust.
„Sieht man nichts mehr von", wage ich einzuwenden.
„Das ist es ja", sagt Willi. „Die größte Sehenswürdigkeit von Bergkamen ist unsichtbar."

„Gib zu, du bist gar kein Elektriker", sagt Martina.
„Aber ganz schön unter Strom."
„Die Lampe ist wieder aus, da musst du noch mal ran."
„Aber gern."
Im Wohnzimmer stehen zwei Flaschen Bier und eine Flasche Wodka.
„Hast du Besuch?", frage ich.
„Nö. Ich wusste, dass du kommst."
Sie schenkt mir ein. „Was macht der Popler?"
„Ist vorm Fernseher eingeschlafen. Träumt von seinem Schatz. Da dachte ich, mal gucken, ob bei dir noch das Licht brennt."
„Ich zeig dir was." Sie zieht eine Schublade am Wohnzimmerschrank auf und holt eine Art Medaille heraus. „Echt Silber", sagt sie. „Hat mir mein Großvater geschenkt. Original von den Römern."
„Du meinst, das Ding ist auch aus dem Keller?"
„Wenn hier in Bergkamen einer eine Baugrube ausheben lässt, dann kommen sofort die Archäologen und sperren alles ab. Was meinst du, warum?"

„Dann könnte Willi doch recht haben."
„Mein Großvater war doch kein Idiot, der hat damals den ganzen Keller umgegraben. Jetzt ist da nichts mehr."
Martina gießt Wodka ein.
„Prost", sage ich. „Auf meinen Schatz."

Ich erwache. Der Bohrhammer donnert vom Keller herauf. Ich steige hinunter. Die Luft ist Mehl. Willi auf Knien. Sein Haar ist grau vom Staub. Alles an ihm vibriert vom Rhythmus des elektrischen Hammers.
Als ich vor ihm stehe, schaltet er das Gerät ab, betrachtet seinen kleinen Finger, wischt ihn am Hemd ab und steckt ihn in die Nase.
„Das Ding brauchen wir gar nicht", sagt er. „Es ist bloß Mörtel, kein Beton." Er steht auf, schiebt mit dem Fuß den Schutt beiseite. Darunter kommen Ziegel zum Vorschein. Er setzt sich auf die untere Treppenstufe und wischt sich mit dem Ärmel über die Stirn.
„Wo warst du denn gestern Abend?", fragt er.
„Wieso?"
„Ich wache vorm Fernseher auf, und du bist weg!"
„Bin noch mal frische Luft schnappen."
„Martina rief nämlich an und sagte, die Lampe, die du repariert hast, sei schon wieder kaputt. Ihre Flüche spare ich mir jetzt."
Ich weiß, was sie gesagt hat. Ich war dabei, als sie anrief. Ich hielt es für sicherer, sie bei Willi nach mir fragen zu lassen. Außerdem lieferte sie so den Grund, wieder zu ihr zu gehen.
„Muss ich wohl heute Abend noch mal rüber. Allmählich werde ich noch ein richtiger Elektriker."
Ich greife mir eine Brechstange, setze sie zwischen zwei Ziegelsteinen an und hebe sie heraus. „Geht doch leicht."
„Sag ich doch. Aber was wir brauchen, ist ein Sieb!" Es klingt verstopft. Willi hat zwei Finger in der Nase. „Muss ich wohl noch mal zum Baumarkt", sagt er. „Du kannst ja schon mal weitermachen."

Als er weg ist, hebe ich weitere Steine heraus. Es geht einfach, sie sind an dieser Stelle nicht mit Mörtel verbunden. Darunter ist eine dünne Schicht Sand. Sie ist weich, sodass ich mit der Hand graben kann, bis ich auf dunklere Erde stoße. Ich nehme den Spaten. Gleich beim ersten Stich stößt Metall auf Metall. Ein Ring in der Größe eines Armreifens. Ich putze ihn ab, gehe hoch und spüle ihn unter Wasser. Er ist glatt, ein bisschen krumm, ohne Relief oder Verzierung. Nur ein paar Schrammen. Aber er glänzt. Muss Gold sein. Ich stecke ihn in mein Jackett.

Wir wechseln uns beim Schaufeln ab. Mit Schwung geht jede Ladung auf das Sieb. Aber wir finden nur viele kleine Steine. Kein Metall. Nicht mal einen Knopf. Doch plötzlich stoße ich auf einen alten Knochen. Ich denke, er ist nicht von einem Tier, sondern von einem Menschen. Oberschenkel.
„Ein Römer", sagt Willi und hebt die Schultern.
Es kommen noch mehr Knochen zutage. Ich mache einen Extrahaufen.
Am Abend haben wir eine rechtwinklige große Grube ausgehoben. Willi sagt, wenn wir morgen nichts finden, machen wir Schluss. Ich wasche mir den Dreck von der Haut. Willi fördert schwarze Popel. „Du musst noch zu Martina", sagt er.
Ich stoße die Luft aus.
„Ich musste es ihr versprechen", sagt er.
„Warum seid ihr eigentlich auseinander?", frage ich.
„Sie trieb es einfach mit jedem. Das habe ich nicht mehr ausgehalten."
„Das sagst du mir jetzt. Was ist, wenn sie es bei mir versucht?"
„Ich hab da keine Aktien mehr drin. Aber wenn du mein Freund bleiben willst ..."

Martina kann es gar nicht glauben, dass ich den goldenen Armreif gefunden habe. Sie betrachtet ihn mit der Lupe, streift ihn über den Arm. Er ist zu groß.
„Sehe ich aus wie eine Römerin?"
„Nö."

Sie zieht sich nackt aus, probiert, den Ring über den Fuß zu ziehen. Er passt.
Ich nicke. „Jetzt siehst du aus wie eine Römerin."
„Hast du schon mal mit einer Römerin?"
„Nein, noch nie."
Später schenke ich ihr den Ring. Wir finden da unten reichlich, behaupte ich. „Dein Großvater hat eben nicht alles ausgegraben. Das beste Versteck für so einen Schatz ist ja auch, ihn einfach da zu lassen, wo er vergraben liegt. Erst wenn man das Gold braucht, holt man es."

Wir graben den ganzen Tag. Die Grube an der Treppe wird immer tiefer. Weitere Knochen. Sonst nichts. Willi flucht. Schließlich schmeißt er die Schaufel weg, sie trifft die Kellerlampe. Im Dunkeln tasten wir uns nach oben.
„Lass uns einen saufen gehen", sagt Willi. „Ich zahle."
„Ich muss was essen", sage ich. „Lade mich lieber zum Essen ein."
Wir duschen, und Willi gibt mir eine seiner Krawatten. „Ist besser so."
Wir fahren zu einem Restaurant am Jachthafen am Datteln-Hamm-Kanal. Es ist ziemlich voll. Zwei Feiern sind im Gange. Einer weiht seine Jacht ein, ein anderer hat Geburtstag. Als das Essen kommt, bin ich schon betrunken. Danach setzen wir uns an die Bar. Ich schließe mich noch einer Gruppe an, die eine Jachtbesichtigung vornimmt. Dabei falle ich fast von Bord. Zwei Frauen führen mich zurück, und zu dritt trinken wir erst mal was auf den Schreck. Doch dann klopft mir Willi auf die Schulter und meint, ich hätte wohl allmählich genug. Er ist wirklich anständig und zahlt alles, obwohl wir in seinem Keller nichts gefunden haben.
Als wir zurückkommen, ist die Kellertür weit offen. Wir leuchten mit einer Taschenlampe die Treppe hinunter. Unten in unserer Grube liegt jemand.
Ich setzte mich oben auf die Treppenstufe. Willi geht hinunter.
„Scheiße", sagt er. „Es ist Martina."

„Was macht sie da?"
„Sie ist tot. Genick gebrochen."

„Wie ist denn das Unglück passiert?", fragt der Polizist. Er popelt in der Nase, und ich weiß, er kommt gerade von Willi aus dem Nachbarzimmer. Das steckt an.
„Ich weiß von nichts", sage ich. „Ich kam mit Willi nach Hause, und da lag sie."
„Wo?"
„In dem Loch, das Willi im Keller hat."
„Aber Sie haben doch daran mitgegraben?"
„Nein, warum sollte ich?"
„Sie waren doch gemeinsam auf Schatzsuche. Römische Münzen und so etwas."
„Nee, wie kommen Sie auf so was?"
„Das Loch war also schon immer da?"
„Keine Ahnung. Ich war vorher nie in Willis Keller. Ich bin doch nur zu Besuch."
Natürlich weiß ich, wie alles passiert ist. Mit dem goldenen Ring habe ich die arme Martina praktisch angefüttert. Wahrscheinlich hat sie uns beobachtet. Und als wir ins Restaurant fuhren, hat sie gedacht, wir feiern unseren Schatz. Sie ist ins Haus, um sich ihren Anteil zu holen. Auf der dunklen Kellertreppe ist sie dann gestürzt und in die Grube gefallen. Und ich bin an allem schuld.
„Ehrlich", sage ich. „Ich weiß von nichts. Ich kam nur auf Besuch vorbei. Willi ist ein alter Kumpel von früher. Wir wollten zusammen einen saufen. Das ist alles."
„Und kannten Sie die Frau?"
„Die arme Martina." Mir kommen die Tränen. „So ein hübsches Ding." Mir läuft es aus der Nase.
„Schon gut", sagt der Polizist. „Wollen Sie einen Kaffee?"
Ich nicke.

Der Kaffee dauert lange. Ein anderer Polizist in Zivil bringt ihn in einem Plastikbecher.

„Und Sie waren die ganze Zeit mit Herrn Wehmeier in dem Restaurant zusammen?"
„Mit Willi? Na ja, so ungefähr. Ist das wichtig?"
„Könnte er zwischendurch weggefahren sein?"
„Warum? Schon möglich. Aber wo soll denn der Willi gewesen sein?"
„Er war also nicht die ganze Zeit bei Ihnen?"
Ich stoße die Luft aus. „Na hören Sie, ich war ziemlich betrunken, wenn Sie verstehen. Ich habe mit vielen Leuten gequatscht. Und dann wäre ich auch noch beinah ins Wasser gefallen."
Er lässt mich wieder allein.

„Kommen Sie, Sie haben doch gemeinsam im Keller gegraben!?"
„Jetzt fangen Sie schon wieder damit an. Ich habe doch keine Ahnung. Der Willi muss das Loch gemacht haben. Vielleicht auch Martina. Was weiß ich."
„Aber Sie haben doch einen Armreif gefunden und ihn zu Frau Wehmeier gebracht."
„Was? Was soll ich? Versteh ich nicht. Wer behauptet das denn?"
„Herr Wehmeier."
„Willi? Das kann doch gar nicht sein. Wie kommt der denn darauf?"
„Er behauptet, Sie hätten den Armreif seiner Frau geschenkt."
„Wer? Ich seiner Frau? Und warum soll ich das getan haben?"
„Sie hätten sie damit in den Keller gelockt."
Ich reibe mir die Stirn und stöhne. „Wissen Sie was? Ich weiß nicht, worum es hier geht. Ich komme mir ziemlich bekloppt vor."
Und das stimmt, denn allmählich begreife ich, Willi hat mich mit dem goldenen Ring reingelegt. Wenn ich es richtig bedenke, hat er die Kellerlampe bewusst kaputt gemacht.
„Es war doch alles ein Unfall", sage ich. „Oder was ist da passiert?"
„Das wollen wir von Ihnen wissen."

Mir kommen wieder die Tränen, wegen Martina. Und weil ich ein Idiot war.

Willis Haus ist versiegelt. Ich komme nicht mal rein, um meine Sachen zu holen. Aber sein Wagen steht noch in der Einfahrt. Der Autoschlüssel steckt. Das ist doch der Beweis für eine friedliche Gegend. Hier passieren doch keine Verbrechen.
Ich öffne die Wagentür und denke, dass ich mir Willis Auto mal ausleihe.
Der Nachbar versperrt mir die Einfahrt. Er hält eine Zeitung in der Hand und winkt.
„Den Willi lassen die wohl nicht mehr raus, was?"
„Keine Ahnung."
„Sie waren doch mit ihm zusammen?"
„Ich weiß auch nicht, was hier passiert ist."
Er streckt mir die Zeitung hin. Ein Foto von Willi im Lokalteil. Überschrift: *Mörderische Familientradition?*
„Die Knochen im Keller waren die von Martinas Mutter und ihrer Großmutter. Was sagen Sie dazu?"

ialist für Fleisch

„Ich hab was gefunden", hustet Kree.
Kree heißt Gwendolina, aber wenn man Kree mit Nachnamen heißt, nützt der schönste Vorname nichts.
Sie liest Stellenanzeigen in der Zeitung. Ich stehe hinter ihr, stecke meine Hände tief in ihr Kleid, um ihr Lungengeräusch zu untersuchen.
„Wo?", frage ich, und meine Fingerspitzen ziehen sich ohne Ergebnis zurück, versuchen stattdessen die kleinen Grübchen am Ende ihres Rückgrates auszuforschen.
„Da." Kree tippt auf das Stellenangebot eines Landgasthofes für zusätzliche Kräfte über die Feiertage. „Du bist Koch und ich Kellnerin."
„Ich kann nicht kochen", sage ich.
„Wir fangen schon mal mit dem Unterricht an", sagt sie. „Da, wo du deine Hände hast, kommt das Filetsteak her."
„Wie wärs, wenn wir uns andersrum bewerben: Du arbeitest in der Küche und ich serviere."
„Ich sehe besser aus", sagt sie.
Das überzeugt mich.

Kree sitzt gern nackt am Computer. Sie behauptet, der Bildschirm forme mit seinem schattenlosen Licht perfekte Brüste.
Kree entwirft unsere Zeugnisse.
„Du bist Spezialist für Fleisch", sagt sie.
Ich forme mit meinen Händen das Wachs ihrer Haut, bis sie eine Kerze ist. Ich zünde sie an.
Mein Zeugnis ist erstklassig.
„Jetzt ich", sagt Kree und serviert sich. Wir sind ein eingespieltes Paar. Sie plant. Ich bereite zu. Sie kassiert. Ich fahre den Fluchtwagen. Sie zählt das Geld.

Der Landgasthof brüstet sich in einer grünen Senke. Die Welt erwartet Schnee. Rosa Lichterketten fesseln das Gebäude am Boden. An der Breitseite saugen Autos der Oberklasse. Jungschweine an einer dicken Sau.
Ein Engel am Empfang. Kree in Gold, ich im Smoking. Die falsche Kleidung lässt den Engel sagen: „Wir sind bis unters Dach ausgebucht." Ich röste meine Stimme und knittere ein wenig: „Wir sind das Aushilfspersonal."
Ein Mann in einem roten Mantel mit Hermelinbesatz führt uns durchs Haus. Wir bekommen ein Zimmer über dem Stall und Personalkleidung. Während der Festtage gehen Frauen als Engel, Männer als Weihnachtsmann.
Wir ziehen uns um. Der rote Mantel lässt mich schrumpfen. Kree im Engelskleid wächst, als hätte sie eine Rippe mehr als ich. Sie gibt mir eine letzte Unterweisung für Fleischteile am lebenden Objekt, nimmt meine Hand und führt sie zu Bauch, Bug, Eisbein, Schinkenspeck und Nuss.
Vor der Tür mahnt der Chefkoch zur Eile.

In der Küche die Bescherung. Das Menü ist in allen Teilen seit Tagen fertig und tiefgekühlt. Der Chefkoch erklärt mir die Mikrowelle, dann zwei andere Werkzeuge: „Ein Brandstempel für die Steaks, und über die Gänsekeulen einmal mit dem Flammenwerfer, damit es knusprig wird." Er hat keine Zeit, ein Engel zupft an ihm. Beide ziehen sich in den Weinkeller zurück. Drei weitere Helfer machen in der Küche Dampf, tauen auf, hantieren mit Fertigsoßen und garnieren. Der Schweiß läuft mir aufs Fleisch und zischt.
Für Kree erhitzen sich draußen die Gäste. Sie legt Fleisch nach und dekoriert es mit Versprechen für die Nacht. Blut wird zu Wein.

Das Abenteuer in der Wäschekammer lässt sich keiner entgehen. Kree sammelt die Abdrücke schweißiger Hände und ich die Wertsachen aus den Zimmern der Betrunkenen.

„Hör auf. Es ist genug." Krees heißer Atem in meinem Nacken. Sie hat das beste Gefühl für den Höhepunkt. Ich bringe die Beute zum Wagen, öffne schon das Maul des Kofferraums. Kree steht nackt in der Dunkelheit, um auszuglühen, da zucken blaue Blitze am Horizont.
„Schnell, lass uns fahren, bevor das Gewitter so nah ist, dass wir den Donner hören." Mein Atem bringt die Luft zum Zittern. Der Beutel voller Schuld tropft in meiner erhobenen Hand.
„Wir verstecken die Beute im Stall." Krees Stimme ist tiefgefroren.

„Frau hat bekommen gerade Kind", sagt der Mann aus dem Orient mit der Stimme eines Schafes.
Die Frau im Stroh schmilzt, das Kind in der Futterkrippe krümmt sich. Eine Riesengarnele ohne Schalen.
„Das darf nicht wahr sein", sage ich.
Kree, ganz Engel, grinst und hält es für ein Zeichen des Himmels. Aber dann lässt sie ein brennendes Streichholz fallen, um alle mit Löscharbeiten abzulenken, damit ich die Beute unter dem roten Mantel hervorholen und dem Kind unters Stroh schieben kann. Dann erleichtern wir uns mit Worten der Bewunderung für das Neugeborene.
„Bitte verraten Sie uns nicht", sagt der Mann. „Wir fanden nirgends Unterkunft."

In unserem armen Zimmer sind wir nackt.
Ein Polizist wendet die Matratze und tastet Kree mit Blicken ab.
„Im Stall", sagt sie, „ist ein ausländisches Ehepaar, das gerade ein Kind bekommen hat. Vielleicht sollten Sie mal in der Krippe nachschauen." Der Leichtsinn hebt ihr den Kopf.
„Klar", sagt der Polizist. „Ein Kind in der Krippe." Er lacht. „Und Sie sind die Heiligen Drei Könige, was?"
„Nein", sagt Kree, „wir sind nur zwei. Und ich bin eine Königin."

„Fröhliche Weihnachten", sagt Kree. Der Stall ist Staub und leer. Wir stehen in der Dunkelheit und scharren mit den Hufen im Stroh.
„Das Baby hat mich angelächelt", sage ich. „Neugeborene lächeln nicht." Ich klopfe mit der Faust an meine Stirn.
Das Stroh sendet einen glitzernden Strahl, an dessen Ende ein goldener Ring mit einem grünen Stein liegt. Er ist aus unserer Beute. Ich zeige ihn Kree mit fallenden Mundwinkeln.
„Die können aus Stroh Gold machen." Sie reibt sich die Nase breit.
„In zwei Tagen bekommen wir unseren Lohn."
„Ich bleibe hier nicht länger", sagt Kree mit einem Tropfen Spucke.
Bevor sich die Öfen in der Küche und Krees Liebhaber erneut erwärmen, packen wir unsere Sachen.
„Besser kein Geld als zu wenig", sage ich im Vertrauen auf meinen Smoking, der mir Chance und Panzer scheint. Ich lenke den Wagen, ziele mit einem kurzen Blick auf Kree. Sie lässt ihre Brauen wie kleine Schiffe aufeinandertreffen: „Wie meinst du das?"
Was soll ich antworten? Die Autobahn ist ein Tunnel voller Schneeflocken.

Ich lege dem Tankwart den goldenen Ring mit dem grünen Stein auf den Tresen. „Kann ich dafür einmal volltanken?"
Er lacht. „Was für eine Nacht? Vor fünf Minuten hat einer für eine Perlenkette getankt."
Er hält die Kette hoch. Sie ist aus unserer Beute.
„So ist das mit den Weihnachtsgeschenken. Die meisten werden getauscht."
Alle Autos tragen Heiligenscheine. Nach zwanzig Kilometern überholen wir den Polizeiwagen. Er gibt sich zivil. Auf dem Beifahrersitz die Mutter mit der Riesengarnele. Der Vater legt die Nase fast aufs Steuerrad. Hinten zwei Polizisten, gut gefesselt. Einer schickt mit gelben Zähnen ein stummes „Hilfe" durch die Nacht, als ob ich von seinen Lippen lesen wollte.

„Scheiße", sagt Kree. „Was machen wir jetzt?"
Ich hebe die Schultern.
„Immerhin können die ihren Trick nur einmal im Jahr durchführen", sagt Kree. „Wir dagegen können immer."
„Richtig", sage ich und biege von der Autobahn ab auf einen Parkplatz. „Wie war das mit dem Weihnachtsbraten?"
Leise wirft der Himmel eine weiße Decke über unser Auto.

Warum es Weihnachtsmänner gibt

Sie mühte sich, die Engelsflügel auf ihrem Rücken zu befestigen. Sie hingen an Riemen, die sich vorn über ihren nackten Brüsten kreuzten.
„Soll ich dir helfen?" Ich streckte meine Hände unter dem Weihnachtsmannmantel hervor.
„Ich weiß, was du willst", sagte sie, „aber ich werde dir die Handschellen nicht abnehmen."
Sie hatte mich vor zehn Tagen aus dem Polizeiwagen geholt, der gegen ihre Hausmauer gefahren war, ohne mich jemals von den Fesseln zu befreien. Ich wusste nicht, was aus den Polizisten geworden war, die mich ins Untersuchungsgefängnis bringen sollten. Vielleicht hockten sie im Keller eingesperrt.
Der angeklebte Bart juckte, und ich versuchte ihn zu reiben.
„Lass das!" Ihre Augen funkelten mich an. Sie hatte ein langes weißes Kleid übergezogen, aus dem die Flügel hinten herausschauten. Sie löste ihr blondes Haar, und es fiel in kleinen Locken über ihre Schultern herab. Sie war streng mit mir. Doch jetzt durfte ich zum ersten Mal dabei sein.
„Du weißt, was du zu tun hast!" Sie kam zu mir, betrachtete mich und knöpfte mir den roten Mantel mit dem weißen Pelzbesatz bis unters Kinn zu. „Wehe, du lässt deine Hände sehen!"
„Machst du mir zu Weihnachten die Handschellen ab?"
„Ich weiß, was du willst."
Sie war ein Engel und kannte meine Träume. Bei meinen nächtlichen Erektionen stellte ich mir vor, wie ich mit beiden Händen nach ihren Flügeln griff. Vielleicht morgen am ersten Weihnachtstag?
Sie löschte das Licht im Zimmer und ging ans Fenster. Draußen war es dunkel, und es hatte aufgehört zu regnen. Ich wusste, dass es ein allein stehendes Haus war und an einer gefährlichen Kur-

ve liegen musste. Aber bisher hatte sie mich nie mit hinausgenommen, wenn wieder einmal ein Wagen gegen ihre Hausmauer geprallt war.

Sie wusste immer, wann es geschah. Kurz vorher zog sie ihr Engelskostüm an und fesselte mich an mein Bettgestell. Ich kannte alles nur von den Geräuschen her.

Sie zeigte in die Dunkelheit hinaus. „Früher war hier mal eine Straße."

In diesem Moment leuchteten Scheinwerfer auf, dann krachte es auch schon. Ich sah sie überrascht an. Ihre Flügel vibrierten leicht.

Wir gingen hinaus, näherten uns dem Wagen. Aus dem zerbeulten Kühler zischte der Dampf. Der Fahrer saß an seinem Platz und rieb sich das Gesicht.

Der Engel öffnete die Wagentür. „Willkommen."

Der Fahrer stieg stöhnend aus, schwankte leicht und sah den Engel mit geöffnetem Mund an.

„Nennen Sie mir schnell die Geheimnummer Ihrer Kreditkarte, damit ich weiß, dass Sie keine Gehirnblutung haben", befahl der Engel.

Der Fahrer nannte die Zahlen, dann wankte er einen halben Schritt auf das Haus zu und zeigte auf die Straße. Der weiße Mittelstreifen führte direkt vor seinem Wagen die Hausmauer hinauf. „Wo ... was, was ist ...?" Er stotterte, seine Hände zitterten, aber er schien nicht verletzt zu sein.

„Eine Auffahrt zur Milchstraße." Der Engel lächelte.

„Wo bin ich?" Die Pupillen des Fahrers zuckten hin und her.

„Wissen Sie es nicht?"

Der Autofahrer sah zu mir. „Aber wer ist das?"

„Der Weihnachtsmann. Man hat ihm die Arme amputiert."

Wie verabredet wedelte ich mit den leer herabhängenden Ärmeln meines Mantels.

Der Fahrer klammerte sich an die Tür des Wagens. Er war blass, aber wollte nicht fallen.

„Kommen Sie, ich muss Sie den anderen Elefanten vorstellen."

Der Engel küsste ihn, und endlich fiel der Fahrer in Ohnmacht.

Mit einer Hand gab ihm der Engel noch etwas Gas über eine Atemmaske und durchsuchte gleichzeitig mit der anderen Hand sein Jackett.
Ich balancierte auf dem weißen Mittelstreifen der Straße langsam in die Dunkelheit hinaus. Ich dachte, was es wohl für ein Gefühl sein musste, wenn sich plötzlich die Straße vor dem Auto aufrichtete und man dagegenprallte.
„Komm sofort zurück!" Sie drohte mir mit der Faust.
„Was ist mit den Handschellen?"
„Heute Nacht."
Ich wartete auf das Leuchten eines Heiligenscheins, aber sie schüttelte ihre Flügel und verschwand, um den Abschleppwagen aus der Garage zu holen. Er war rundherum mit einer gelben Lichterkette ausgestattet, und an der Seite stand in goldenen Buchstaben: *Engel der Landstraße*.
Ich lachte, und sie sah mich strafend an.
Sie lud den Unfallwagen auf, dann schob sie das breite Tor zur Straße zu und löschte die Projektion des Mittelstreifens auf der Hauswand.
Wir fuhren bis zu dem Geldautomaten einer Bankfiliale. Wegen der Überwachungskamera klebte sie mir einen schwarzen Balken über die Augen. So ausgestattet und mit Handschellen musste ich mit der Kreditkarte des Autofahrers das Geld holen. Etwa zehn Kilometer weiter setzten wir den Fahrer samt seinem Wagen auf einem Feldweg ab. Er war noch nicht bei Bewusstsein.
Auf dem Rückweg läuteten die Glocken, und die Landschaft wurde von einem flackernden Schein erhellt. Ich lehnte mich aus dem Fenster des Abschleppwagens. Wir fuhren in einem Flammenmeer.
„Halt an", schrie ich, „die Reifen brennen."
„Was denkst du, wo du bist."
Ich schnupperte. Sie roch nach verbrannten Federn.
Zu Hause nahm sie mir die Handschellen ab. Den Mantel musste ich anbehalten. Auch den Bart. Sie bestand darauf.
„Ich will auch immer artig sein", sagte sie.
Ich griff mit beiden Händen nach ihren Flügeln.

In vierzehn Tagen vom
Homo zum Hetero

Vater sucht das Angebot in einer Schublade des Küchenschranks. „Ich hatte es hier reingelegt." Er wühlt zwischen Einkaufszetteln, Quittungen und Gebrauchsanweisungen.
„Du bist es uns schuldig", sagt Mutter. Sie sitzt am Tisch wie in der Kirchenbank, stützt mit gefalteten Händen das Kinn.
„Aber es ist meine Natur."
„Natur ist was anderes."
„Du bist es deiner Mutter schuldig", sagt Vater. Er hat den Handzettel gefunden und legt ihn auf den Tisch.
Ich hätte die beiden Alten nicht besuchen sollen.
„Versuch es wenigstens", sagt Mutter.
„Es ist sinnlos."
„Wir bekommen das Geld zurück, wenn es nicht funktioniert."
Vater dreht den Handzettel, sodass ich ihn lesen kann.

Paul wohnt in der Nachbarwohnung. Ich klingle ihn raus.
„Kannst du uns bitte helfen?"
Er kommt mit auf die Straße. „Meine Güte, was ist das?"
„Das ist mein Vater."
„Ich meine das Paket."
Der Karton ist groß und schwer wie ein Sarg.
„Es ist eine Art Gefrierschrank."
Pauls Muskeln sehen nicht nur gut aus, sondern taugen auch etwas. Er hilft, den Karton in meine Wohnung zu tragen.
„Was willst du damit?" Er klopft gegen die Pappe.
„Mich einfrieren lassen."
„Mein Sohn braucht Sie jetzt nicht mehr", sagt Vater.

Vater öffnet den Karton einen Spalt, um die Betriebsanleitung herauszuholen. Ich sehe nur die Füße, sie wirken echt. Vater

schickt mich in den Supermarkt, Bier holen. Er will die Maschine inzwischen initialisieren.
Als ich zurückkomme, sitzt das Ding nackt in meinem Wohnzimmer im Sessel und lächelt. Es sieht ziemlich dünn aus, wie ein Fotomodell.
„Ich heiße S 36, aber du kannst mir einen neuen Namen geben."
„Ich schlage Susanne vor", sagt Vater.
Ich winke ab. „Wir bleiben bei S 36."
„Sie funktioniert perfekt interaktiv. Ich habe alles schon ausprobiert." Das Grinsen in seinem Gesicht gefällt mir nicht. Seine Zähne sind zu lang.
„Hat sie nichts anzuziehen?"
Vater holt aus dem Karton in Plastik eingeschweißte Negligés und ein Minikleid, ein paar Pumps, einen kleinen Schminkkoffer. „Aber im Grunde braucht sie nichts. Zur Pflege genügt, sie regelmäßig zu baden oder abzuduschen."
Wir schaffen den Karton auf den Dachboden.
Vor meiner Wohnungstür gibt Vater mir die Hand.
„Du willst mich wirklich mit diesem Ding allein lassen?"
„Das Programm läuft jetzt ab. Denk an deine Mutter, du bist es ihr schuldig."

„Was kann ich für dich tun?", fragt S 36. Sie wirkt täuschend echt.
„Was kannst du?"
„Alles, was du willst."
„Wo ist dein Ausschalter?"
S 36 lächelt. „Such ihn."
Ich denke, er müsste unter ihrem langen blonden Haar sein, aber da ist nichts. Ich bringe ihre Frisur durcheinander. Sie kichert. Ich lasse sie die Arme heben. Nichts. Ich drücke auf den Bauchnabel. Sie kichert nur erneut.
„Ist es ein Sprachcode?"
„Nein."
„Ich befehle dir, mir zu sagen, wo dein Ausschalter ist."

Es ist der richtige Ton. S 36 wird ernst, lässt die Schultern fallen und zieht die Stirn in Falten. „Zwischen meinen Beinen."
„Ist das wirklich wahr?"
„Ja."
„Komm her."
Sie stellt sich vor mich, spreizt die Beine. „Wo?"
„Da drinnen."
„Ehrlich?"
Sie nickt. „Na, los."
Ich schüttle den Kopf und lasse sie eingeschaltet, schicke sie in die Küche zum Kaffeekochen. „Und zieh dir endlich was an", brülle ich hinter ihr her.

Der Kaffee macht mich müde.
Als ich erwache, sitze ich gefesselt im Sessel vor dem TV-Gerät. S 36 ist dabei, Elektroden an meinen Armen und Beinen zu befestigen.
„Mach mich sofort los!"
„Geht nicht. Du hast mich nicht ausgeschaltet, jetzt hat sich automatisch die Stufe zwei initialisiert."
Sie legt ein Video ein. Es zeigt abwechselnd nackte Frauen und nackte Männer. Wenn ein Männerbild erscheint, bekomme ich einen Stromschlag, wenn eine Frau erscheint, schiebt mir S 36 ein Stück Schokolade in den Mund. Ich presse die Lippen aufeinander.
Nach zwei Stunden löst sie die Fesseln. Ich wasche mir die Schokolade aus dem Gesicht und rufe Vater an.
„Du hast die Betriebsanleitung mitgenommen!"
„Ja, was ist los? Funktioniert sie nicht?"
„Sie dreht irgendwie durch. Ich muss die Batterien herausnehmen. Wie kommt man da dran?"
„Warte, ich gucke nach."
Ich höre ihn im Hintergrund mit Mutter sprechen, dann kommt er zurück. „Tut mir leid, sie hat keine Batterien. Sie lädt sich durch normales Essen wieder auf."

Paul steht vor der Tür, er schwenkt eine Flasche Champagner.
„Was hältst du davon? Auf dein neues Küchengerät."
Ich ziehe die Tür bis auf einen Spalt heran und lege den Finger auf die Lippen. Dann erkläre ich ihm leise, was ich im Moment durchmache.
„Eine Frau ist da drin?", fragt er. Sein Kopf wächst aus den Schultern heraus, und er weicht ein wenig zurück.
„Psst, sie ist eine Maschine."
„Du betrügst mich mit ihr!" Er schiebt mich zur Seite und marschiert in meine Wohnung. Ich finde ihn in der Küche. Er betrachtet S 36 stumm von oben bis unten. „Verdammt echt."
„Sage ich doch."
„Was sind Sie?", fragt er sie.
„Ich bin das interaktive Element des weltweit erfolgreichen Programms *In vierzehn Tagen vom Homo zum Hetero.*"
Paul lacht. „Ich weiß, wem wir sie schenken."
„Dem Bürgermeister?"
S 36 schüttelt den Kopf. „Tut mir leid, Sie können meine Personalisierung nur mit einem Sicherheitscode der Stufe zwei ändern."
„Lass sie hier", sagt Paul. „Wir feiern drüben bei mir."
„Aber was feiern wir?"
„Egal."
„Küche aufräumen, Fenster putzen", befehle ich S 36.

Als ich aus Pauls Wohnung zurückkomme, höre ich gerade noch, wie der Telefonhörer aufgelegt wird. Ich schicke S 36 in die Küche. Sie soll die Vorräte sichten, eine Einkaufsliste anfertigen und einen Vorschlag für ein Menü für morgen machen. Als sie in der Küche ist, drücke ich auf Wahlwiederholung.
„Mutter, bist du das?"
„Ja, mein Sohn, ich bin noch wach. Ich kann vor Sorgen nicht schlafen. Und ich muss dir sagen, ich bin enttäuscht von dir."
Sie scheint zu weinen.
„Begreif doch, ich kann nichts dafür. Es sind die Gene in meinem Körper."

„Dann schick diese bösen Buben weg, mein Sohn. Schick sie weg."
Ich lege auf und schleiche mich ins Bett. Nach einer Weile kommt S 36 und legt sich neben mich.
„Wenn du schon schlafen musst, kannst du nicht auf das Sofa gehen?"
„Tut mir leid, aber es wurde automatisch die dritte Stufe initialisiert."
Ich springe aus dem Bett, mache Licht.
„Die dritte Stufe? Was bedeutet das?"
Sie streckt ihre Hände nach mir aus. Für einen Moment bin ich in Versuchung, sie auszuschalten, doch dann ziehe ich mich auf mein Sofa zurück.

Ich sitze mit Paul beim Frühstück. S 36 steht am Herd und brät uns Spiegeleier mit Speck. Als sie fertig ist, befehle ich ihr, die Wohnung sauber zu machen.
„Ist doch praktisch", sagt Paul mit vollem Mund. S 36 reitet nackt auf dem eingeschalteten Staubsauger den Flur entlang.
„Aber ihr Programm! Du weißt nicht, was ich durchmachen muss."
„Wir holen Edgar. Er ist Computertechniker."
„Einen Hetero um Hilfe bitten?"
„Ist doch egal."
Ich telefoniere mit Edgar und schildere ihm das Problem. Er lacht. „Das lässt sich alles per Sprachcodes lösen", sagt er.
Eine halbe Stunde später ist er da. „Wo ist sie?"
„Im Schlafzimmer. Sie bezieht die Betten."
Edgar schließt sich mit ihr ein. Zwei Stunden später kommen beide heraus. S 36 trägt das Minikleid. Sie reckt den Hals, sieht auf mich herab.
„Du hast doch nichts dagegen, wenn ich sie gleich recycle?", fragt Edgar.
„Nein, nimm sie nur. Soll ich die Verpackung vom Dachboden holen?"
„Nicht nötig."

Vater steht mit rotem Gesicht vor der Tür. „Wo ist sie?"
„Verschenkt. An einen Freund. Er hat sie umprogrammiert."
„Bist du wahnsinnig?" Er stößt mich zur Seite und geht ins Wohnzimmer. Paul lässt gerade den Champagnerkorken knallen. Wir wollten den Auszug von S 36 feiern.
Vater stampft durch alle Räume, dann kommt er zurück, gibt mir eine Ohrfeige. „Was hast du getan? Was ..." Ihm versagt die Stimme.
„Beruhige dich, ich gebe dir das Geld für den Kauf. Was hat sie gekostet?"
Vater lässt sich auf das Sofa fallen, faltet die Hände über dem Kopf und schrumpft. Ich sehe, wie sich Tropfen an seinem Kinn sammeln. „Du weißt wirklich nicht, was du getan hast? Du weißt es nicht", murmelt er. Die Tropfen fallen auf sein Hemd, finden sich zu einem nassen Fleck in Herzform zusammen.
„Warum regst du dich so auf? Es ist bloß eine Maschine ..."
„Maschine!", faucht er. Er richtet sich wieder auf. „Ich habe Susanne vor sechs Jahren kennengelernt. Sie ist meine Geliebte, und ich finanziere ihre Wohnung – begreifst du endlich?"

Impressum

Bibliografische Information der Deutschen Bibliothek
Die Deutsche Bibliothek verzeichnet diese Publikation in der
Deutschen Nationalbibliografie; detaillierte bibliografische
Daten sind im Internet über <http://dnb.ddb.de> abrufbar.

ISBN 978-3-8319-0390-0

© Ellert & Richter Verlag GmbH, Hamburg 2010

Dieses Werk einschließlich aller seiner Teile ist urheberrechtlich geschützt. Jede Verwertung außerhalb der engen Grenzen des Urheberrechtsgesetzes ist ohne Zustimmung des Verlages unzulässig und strafbar. Dies gilt insbesondere für Vervielfältigungen, Übersetzungen, Mikroverfilmungen und die Einspeicherung und Verarbeitung in elektronischen Systemen.

Lektorat: Annette Krüger, Hamburg
Gestaltung: Büro Brückner + Partner, Bremen
Gesamtherstellung: CPI books GmbH, Leck

Titelfoto: Agentur Bilderberg/Eberhard Grames, Hamburg